图说南粤历史

TUSHUO NANYUE LISHI

刘正刚 著

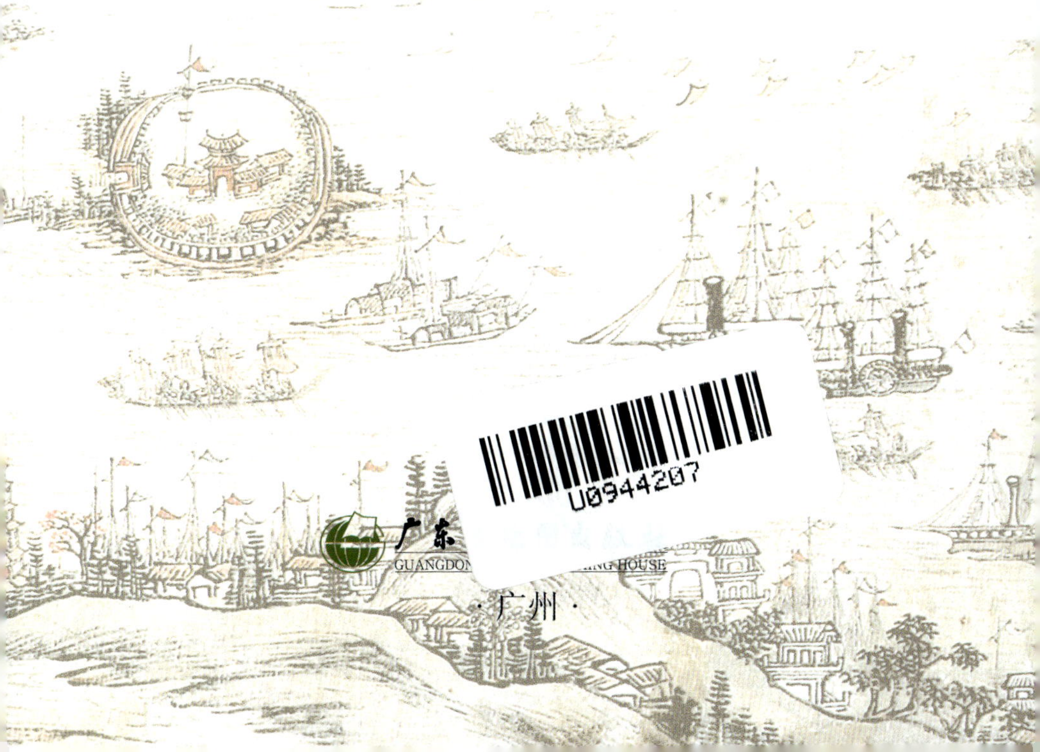

广东

GUANGDON　HING HOUSE

·广州·

图书在版编目（CIP）数据

图说南粤历史／刘正刚著. —广州：广东省地图出版社，2015. 8（2022. 4重印）
（南粤文化丛书）
ISBN 978-7-80721-600-1

Ⅰ. ①图… Ⅱ. ①刘… Ⅲ. ①广东省—地方史—图解 Ⅳ. ①K296.5-64

中国版本图书馆 CIP 数据核字（2015）第 138339 号

南粤文化丛书

图说南粤历史 Tushuo Nanyue Lishi

刘正刚 著

责任编辑	严佳瑶	地图绘制	黄春钰 钟金娣
责任校对	蒋美秀	地图审订	杨兴旺
封面设计	古若琪	版式设计	友间文化
出版发行	广东省地图出版社	电　话	020-87768354（发行部）
地　址	广州市水荫路35号	印　刷	东莞市翔盈印务有限公司
邮政编码	510075	字　数	134千字
开　本	880毫米×1230毫米 1/32	版　次	2015年8月第1版
印　张	5	印　次	2022年4月第2次印刷
审 图 号	粤S（2015）69号	定　价	18.00元
书　号	ISBN 978-7-80721-600-1		

总序

本土文化也称地方特色文化，是同一地域生活的人们在漫长的历史进程和生产实践中形成的具有地域特色的文化传统和文化体系。

对本土文化理解的缺失，会导致许多优秀的传统和珍贵的遗存在岁月中被漠视、消磨乃至消失。南粤经历了诸多的行政区划调整，现在通常指广东全省。要实现南粤的可持续发展，需要弘扬本土文化，树立和提升全民的本土文化信仰与追求。

广东着力打造文化强省，重视整理、普及、传承和发扬南粤本土文化，民众对南粤的历史、地理和文化等知识也迫切需要深入系统地了解。顺应这些需求，我们策划出版《南粤文化丛书》。该丛书包括《图说南粤历史》《图说南粤地理》《图说南粤文脉》《图说南粤人文》和《图说南粤旅游》，其中前三种即将与读者见面。

丛书以地图结合精美的图片、通俗灵性的文字，直观地、完整地、科学地从地理、历史等多种视角，系统地解读南粤区域文化，为读者立体式地铺陈一幅幅南粤风采画卷，展示南粤之地的物阜民丰、优良传统等。本套丛书是关注和研究南粤区域文化的首选图书，也是广东省的一张重要文化名片。

《图说南粤历史》与你体验时空穿越和历史演变；

《图说南粤地理》带你探索地理风貌和丰富资源；

《图说南粤文脉》让你惊叹文明脉络和轨迹演变；

《图说南粤人文》让你通晓杰出人物和璀璨文化；

《图说南粤旅游》伴你游览名胜古迹和美丽山川。

丛书创作中得到了广东省委宣传部和相关专家学者的支持，在这里表示衷心的感谢！由于时间仓促和认识局限，疏漏之处恳请广大读者批评指正。

2015年8月

前言

历史是由人书写的。中国历史自有文字以来，其书写一直未曾中断过，这在世界各国的历史书写中较为罕见。南粤的历史也同样遵循这一法则。南粤历史可上溯到史前的初民时代，但其波澜壮阔而多彩的历史画卷则从秦汉时期开始。在不同历史时期，王朝对南粤地域的控制时有调整，因而其地域的范围在不同王朝盈缩不一。早期的南粤历史以整个岭南为大的地域范围。宋代以后，随着两广地域的大致成形，尤其是从明代开始，两广各自设省，对岭南历史的书写就分别出现了南粤（即广东）历史和八桂（即广西）历史。省域的形成，使得历史书写者们从各自地域出发，对之前纵横交错的岭南历史脉络进行梳理与剥离，分门别类。南粤的历史文化渐渐清晰，形成了在中华大文化框架内的南粤历史文化，大大丰富了中华文化的历史内涵。

本书名曰《图说南粤历史》，顾名思义就是以地图和图片为主来讲述南粤的历史，这里的南粤限定在今日广东的地理区域范围内。我们本着这一理念，尽最大可能地展示南粤上下数千年的历史文化发展脉络，突出南粤历史文化的发展特色。我们在书写时尽力多着墨与南粤相关的历史，对不属于南粤区域但与之有一定联系的历史则点到为止，如我们在书写历史人物时，宋代包拯、明代海瑞等对南粤发展有贡献或曾属南粤地域范围的人物，只在同类型的南粤清官陈瑸的历史中略略提及，相信有兴趣的读者顺此线索可以去继续扩展阅读。

南粤历史文化在宋代以后绚丽多姿，本书一方面要突出南粤历史文化的海洋特色，另一方面要突出南粤历史文化在中国乃至世界历史进程中所处的位置。我们在行文时，有些直接入题，有些则从时空角度尽可能进行勾勒。本书限于篇幅，无论是历史的选择面还是内容的阐述，都无法面面俱到。

记得一位伟人说过，好在历史是人民书写的。每一位读者都是人民的一分子，所以我们希望读者在阅读时能够将自己的意见及时反馈给我们，以便将来有机会再版时进行修改，使这本“南粤历史”越发名副其实。

刘正刚

2015年7月

目录

南粤成形

建制篇

珠江硝烟

战争篇

敢为天下先

经济篇

文化篇 融汇东西

人物篇

图说南粤历史

南粤成形

建制篇

南粤又称南越，背靠五岭山脉，面向广袤海洋，陆海相连，自秦汉被纳入王朝版图后，就始终处于王朝的控制之下。南粤经历了诸多的行政区划调整，最终形成了今天的广东省域。这一历史的源头始于南越国治理岭南，三国时期广州奠定了南粤地区的中心地位，唐代岭南东道预示着南粤雏形初显。五代南汉国之后，南粤区划有所反弹，但宋代之后愈益清晰，“广东”区域已经显现。元代“广东诸道”的出现，为明代设立广东省创造了条件。之后，中央对南粤的控制尽管始终将两广联系在一起，但广东的行政区域基本没有大的变化，直到新中国建立后，经过数次调整，终于形成了今天的广东省域。清朝前期实行一口通商，粤海关是朝廷垄断的中外贸易最大海关。民国时期，广州又成为国民革命的大本营。

岭南第一国 南越国

公元前221年，秦始皇完成了统一中国的大业，遂派屠睢率50万大军进军岭南。此次征战因士兵水土不服，加上后勤补给困难，最终以屠睢被杀告终。为了解决军队补给，秦始皇下令开凿灵渠（在今广西兴安），灵渠首次沟通了珠江水系和长江水系，成为沟通岭南与中原的大动脉。此外，秦始皇还在岭南自东向西修建了大庾岭道、连阳道、萌渚岭道和越城岭道，目的是方便军队南征。

灵渠略图

接着，秦始皇派任嚣和赵佗讨伐南越，两人采取“和辑越人”策略。公元前214年，任嚣与赵佗统一岭南。秦始皇在此设桂林、象、南海三郡，辖区大致包括今广西、广东和海南以及越南部分地区。其中南海郡治所在番禺，下辖番禺、博罗、四会、龙川四县。今广东省大部分地区属南海郡，这是广东地区历史上第一次划分行政区。岭南三郡由南海郡尉任嚣控制。秦始皇还移民充实岭南，并筑番禺、龙川两城防守。

秦末爆发陈胜吴广起义，时南海郡尉任嚣临终前建议赵佗立国自守。任嚣死后，赵佗封闭横浦、阳山、湟溪三座边关，诛秦朝官吏，又出兵占领桂林郡和象郡。公元前204年，赵佗自立为南越武王，以番禺为都城，建立了南越国。

西汉初期，刘邦对赵佗采取羁縻措施，派陆贾出使南越国，封赵佗为南越王，南越国正式得到中央承认。南越人口由百越族、秦军后代及南下汉人构成。

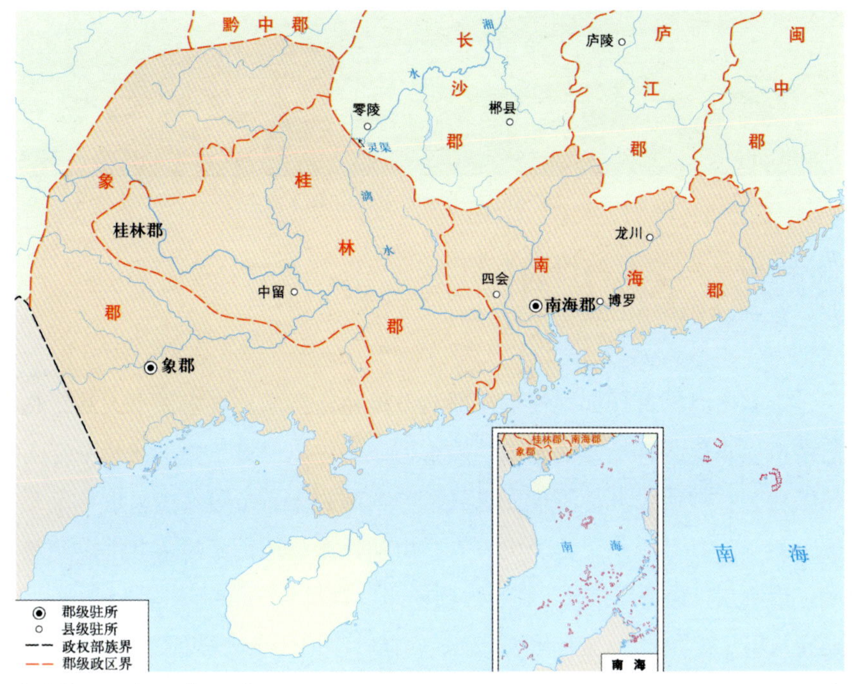

审图号：GS（2012）686号

秦岭南三郡略图

南越国前后共存93年，历四代五王，基本维持了岭南社会的稳定发展，进一步加强了民族融合。

南越国时期，北方农耕技术随着中原移民进入而得以传播。火耕水耨与铁农具并用，手工制造也开始发展。考古发掘的南越文王赵眜的丝缕玉衣，是我国迄今所见年代最早、形制最完备的玉衣。造船技术也颇发达，今广州市中山四路一带发掘的南越国造船遗址，规模巨大，包括三个平行排列的造船台和一个木料加工场，船台可活动，以适应建造大小不同的船只。

随着汉越交流的深入，汉字和度量衡也被引入南越国，成为南越国官方通行的文字。

广州城市鸟瞰图（1800年）

岭南都会 广州

秦朝南海郡首任郡尉任嚣在郡治番禺建任嚣城。秦末天下大乱，赵佗乘机以番禺为都城建南越国，故番禺城又称赵佗城。西汉武帝平定南越国后，在岭南设九郡管理。汉武帝分全国为十三个监察区，也称十三部（州），各部（州）置刺史一人，由朝廷派员巡行。岭南九郡设交趾部，治所在苍梧郡广信县（在今广西梧州、贺州与广东封开一带）。东汉建安八年（203年），交趾部改交州，自此岭南地区正式划归交州管辖。

东汉末年，黄巾起义爆发，群雄混战，最终形成魏蜀吴三国并立局势。时岭南被东吴政权控制，孙权任步骘为交州刺史，州治仍在广信，后步骘把治所从广信迁到番禺。步骘认为番禺为“海岛膏腴之地，宜为都邑”，报请孙权在此修筑城郭，人称“步骘城”，又因城内有番山、禺山，又称“番禺城”。

东吴黄武五年（226年），孙权将交州一分为二，将其中的南海、苍梧、郁林、高凉划出设广州，此乃广州得名之始。但因当地大族士氏反抗，只实行了一年。孙权派吕岱平定叛乱，又把交、广二州合为交州，以吕岱为刺史。东吴赤乌十一年（248年），交州再次动乱，孙权命陆胤平乱，并任其为交州刺史。陆胤实行德治，招抚流亡，境内安宁平稳。

东吴永安七年（264年），东吴又将交州分为交、广二州。交州下辖交趾、日南、九真、朱崖、合浦等郡，治所在龙编（今越南河内）；广州辖南海、苍梧、郁林、高凉、桂林、高兴等郡，治所在番禺。广州设置至此成为定制。

东吴时期，徐闻和合浦港已经开始衰落，广州成为海上交通和对外贸易的重要口岸。吴国和东晋定都东南，大力发展交、广二州的交通，以番禺为起点，西线至合浦，东线到东南沿海。自此以后，广州成为海上丝绸之路的重要港口，到明清时期达到高峰。

两广萌生 岭南东道

两晋南朝时期，广州仍辖郡县，也是州郡治所在地。隋朝建立后，对全国政区进行大调整，把州郡县三级制改为州县两级制，在边疆设总管府。今广东境内设广州、循州两个总管府，广州总管府治开始设在南海县，后因战乱迁至始兴县（也说曲江县）。隋朝广东境内设9郡59县。

隋朝开皇末年，广州总管府治迁回南海县，为避太子杨广讳，改广州为番州。不久又复改番州为南海郡，改循州为龙川郡。

唐朝统一后，为加强中央对地方的控制，分天下州县为十道，岭南道为十道之一，道的官员由中央临时派人兼任。岭南道辖区包括今广东、广西、海南、福建四省，以及云、贵二省部分和越南北部地区，治所设在广州。

唐中宗时期，巡察使成为道的常设长官。唐睿宗时，改巡察使为按察使，每道一人。道逐渐成为州的上一级行政机构。唐玄宗时改按察使为按察采访处置使，分天下为十五道，各设采访处置使。岭南道采访使治广州，辖境包括今广东、广西、海南三省全部和越南北部。

唐代在边远要冲地区设立都督（总管）府，岭南设广州、桂州、容州、邕州、安南五个都督府，名为岭南五管。唐高宗永徽之后，五府都督皆隶属于广州都督，长官称五府（管）经略使。唐肃宗初年，升五府经略使为岭南道节度使。

唐咸通三年（862年），因南诏多次攻陷安南、邕州，朝廷为了改变岭南西部军威不振的局面，将岭南道划分为东、西两道，东道治所在广州，辖广、韶、郴、连、循、潮、端、封、康、泷、新、恩、勤、春、潘、高、辩、雷、罗、崖、琼、振、儋、万安等州，大致包括今广东、海南全部和湖南南部地区。西道治所在邕州（今广西南宁），辖区包括桂州、邕州、容州三管。两广分东、西自此萌发。唐朝广州的政治经济已居岭南地区之首，岭南东道节度使地位也高于岭南西道。

五代强国 南汉

公元907年，朱温废除唐哀帝，建立梁朝，历史进入五代分裂时期。与五代并存的还有十个小国，其中就包括存在50多年的南汉国。

南汉国开创者可推至刘谦，又名刘知谦，祖籍为今河南上蔡县。其父刘安仁由上蔡迁福建，又迁南海经商。到刘谦时开始从军。刘谦在军中颇得岭南东道节度使韦宙赏识，其以侄女嫁之。黄巢起义后，刘谦因平叛有功受封为封州刺史，统领士卒万人，战舰百余艘。刘谦死后，其子刘隐继任。刘隐善战，兵强马壮，因拥立朱温有功，被朱温封为南海王，独霸岭南。

刘隐死后，其庶子刘龑继位。他一面与后梁朱温交好，一面与楚国马殷通婚，为建国创造良机。公元917年，刘龑在广州称帝，改元乾亨，国号大越，将广州改为“兴王府”。公元918年，他以汉朝刘氏后裔自居，改国号为汉，史称南汉。公元971年被北宋所灭，前后存54年，历四帝。

南汉初年，疆域东邻福建闽国，东北与吴国接壤，北邻楚国，西邻南诏，南濒大海。到乾和九年（951年），南汉又夺取楚国、南唐部分领土，疆域拓展到岭北地区，是五代十国中版图较大的国家之一。

南汉的政治制度多参照唐朝。中央设三省六部，立学校，开科举选官。地方实行方镇、州、县三级制，但节度使和地方长官改由文人充任，州县设刺史或知州事，县长官为县令。军事上设置诸道兵马都元帅，统率全军，并建立特有的象军。

南汉国因远离北方战乱，吸引大量北人南迁，促进了岭南经济发展。

粤西、粤北地区山田、畲田流行，粤东地区开发了葑田，一年两熟的稻麦轮作复种技术得到推广，粮食产量大增。南汉是我国最早铸造铅钱的政权，铸钱业吸收唐代的“母钱”冶铸法。南汉时制造的青瓷畅销海内外。以广州为中心的海外贸易为南汉带来了巨额财富，出现“内足自富，外足抗中国”的兴盛局面。

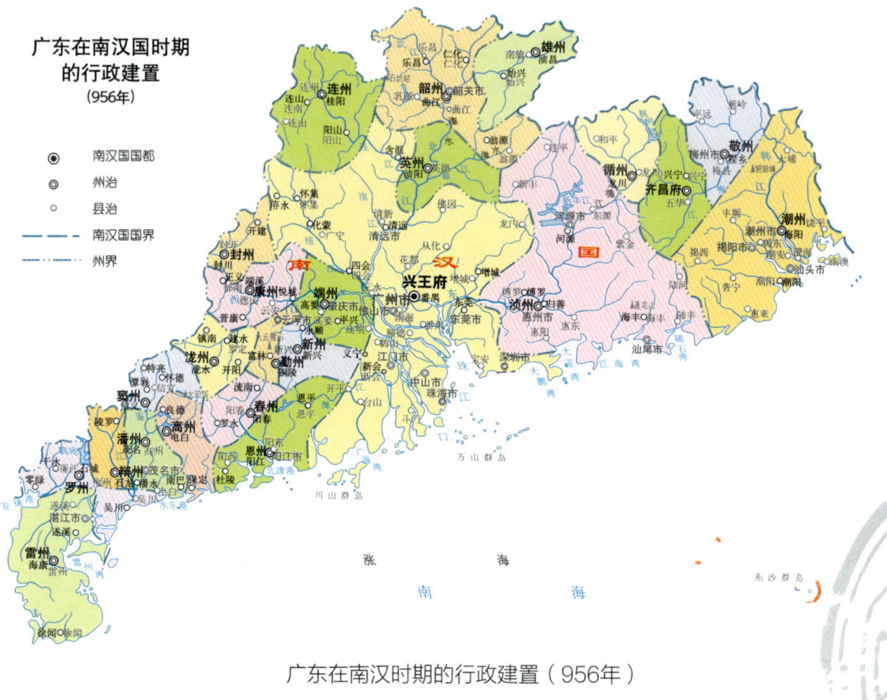

广东在南汉时期的行政建置（956年）

南汉后期，爆发了张遇贤起义，国力由此衰落。北宋建立后发兵进攻南汉，兵临广州城下，南汉后主刘𬬮投降，南汉灭亡。

两广初显　广南东路

唐代岭南东西道的设立，表明两广分东西出现了雏形，但仍以“岭南”命名。宋代才真正以“广”字分两广。

公元971年，宋灭南汉，岭南正式被纳入宋代版图。北宋沿用唐制，将全国划分为若干道，后在“道”的基础上创建新的行政区划——路。

两宋的路只是监察区，而不是一级行政区划。路下分府、州、军、监，主要实施府、州、县三级制。其中军、监相当于唐朝的军镇，与唐、五代不同的是，宋代的军不仅是军事组织，还是地方行政区划单位。监是国家经营矿冶、铸钱、牧马、制盐等的专业性管理机构和行政区划单位。

宋至道年间，分全国为十五路，宋元丰年间又扩增为二十三路。各路设四司，即漕、宪、仓、帅（转运司、提点刑狱司、提举常平司、安抚司），彼此间互不统属，相互监督。路逐渐成为宋代最高行政区划，开后代省制的先河。

北宋初年，朝廷在岭南设广南路。北宋端拱元年（988年）开始分广南路为广南东路和广南西路，简称为广东、广西。这就是今广东、广西得名的肇始。

广南东路治所在广州，简称广东路，辖广、韶、循、潮、连、梅、

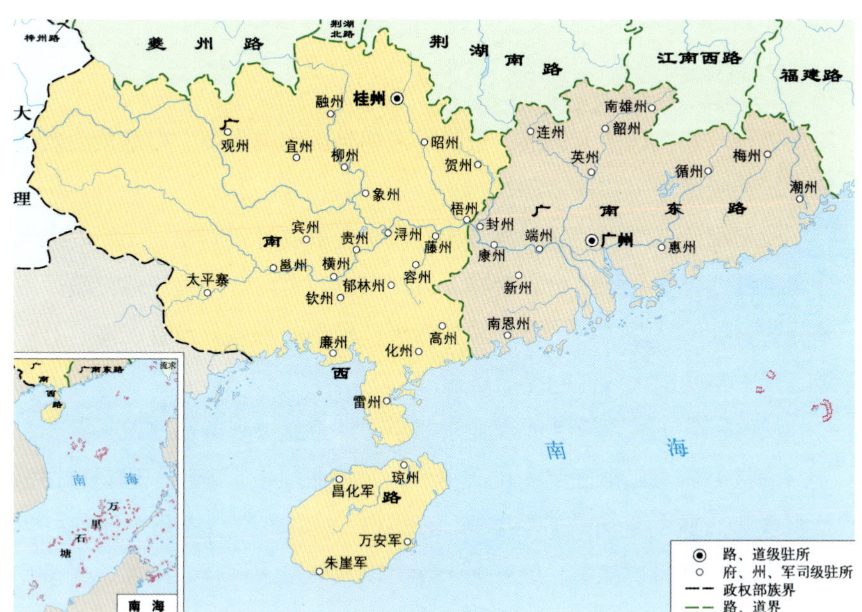

审图号：GS（2012）686号

北宋岭南地区图

南雄、英、惠、封、端、新、康、南恩等州。其中，端州在元符三年（1100年）升为兴庆军，重和元年（1118年）升为肇庆府。南宋嘉定元年（1208年），广南东路已增改英德、肇庆、德庆三府，且将贺州划归广南西路管辖。其行政区划相当于今广东大部分地区。

广南西路的治所在桂州（今广西桂林），简称广西路，领桂、龚、白、宜、平、观、昭、梧、藤、容、郁林、浔、贵、横、邕、宾、柳、象、融、高、化、雷、廉、钦、琼等州，以及昌化、万安、朱崖三军。其辖区范围相当于今广西全境、广东雷州半岛以及海南省。

两宋时期，今广东、广西的行政管辖范围基本确立。

分省治理 广东诸道

公元1279年，元朝的蒙古军和逃亡到广东的南宋军，在新会海域的崖山进行改朝换代的大决战，最终以宋朝君臣殉国收场。广东也随之被纳入元朝版图。

元朝幅员辽阔，朝廷对地方的行政管理采取行省制度。元朝的广东分属于江西行省和湖广行省管辖，设广东道和海北海南道。地方政区主要分为省、道、路（府、州）、县四级，较小的省则只设省、路、县三级，其中路是宋代政区制度的延续。

江西行省正式创立于元至元十四年（1277年），省会在龙兴府（今江西南昌）。至元十五年（1278年），元朝在广州设立广东道宣慰司，是仅次于行省的地方官府，广东道下辖广东诸路包括广州、韶州、惠州、南雄、潮州、德庆、肇庆七个路，以及英德、梅州、南恩、封州、新州、桂阳、连州、循州八个州，即通常所说的七路八州。

湖广行省的前身是荆湖等路行中书省，后陆续迁往鄂州、潭州，所以又有鄂州行省、潭州行省之称。至元十四年（1277年），随着广西等州郡的归附，开始改称为湖广行省，省会在武昌。湖广行省在广东西部地区设海北海南道宣慰司，治所在雷州路（今雷州），下辖雷州、化州、高州、钦州、廉州五路，以及乾宁军民安抚司、南宁军、万安军、吉阳军。其中雷州、化州、高州属今广东地区。

因此，元代广东诸路分属江西、湖广两行省，直接管辖则为道。其中今广东绝大部分地区属于广东道所辖。

独立设省　广东布政司

广东独立建省始于明洪武初年，结束了今天的广东在以往历史上隶属不同行政区的状况。

明洪武元年（1368年），明太祖派廖永忠率军南下，从福建、湖南、江西三路进攻广东，时广东境内的两大势力何真和李质率部投降，广东纳入明朝统治版图。明代对地方的管理继承了元代行省制度，洪武二年（1369年）朝廷将原属江西行省管辖的广东道，改为广东等处行中书省，并将原属湖广行省管辖的海北海南道也改为广东省管辖，以广州为省会。

明代之前，高州、雷州、廉州、琼州一带常与广西同属于一个大政区，至此，开始划入广东，广东省的轮廓即在此时基本形成。这一政区也为清代及民国所继承，直到新中国建立后，才有所调整，即廉州划入广西政区，琼州独立设省。

明洪武九年（1376年），改行中书省为承宣布政使司，作为地方最高行政区。广东等处行中书省改为广东承宣布政使司，简称广东布政司，习惯上仍称广东省。与承宣布政使司并列的还有都指挥使司、按察使司，统称“三司”。

明朝的“三司”长官分别为布政使、都指挥使、提刑按察使，职能各不相同。布政使掌民政和财政权，都指挥使掌握兵权，按察使掌刑法和监察。三司分立，互不统属，相互牵制，从而使中央对地方的控制力大大增强。

明代广东布政司下设府（包括直隶州）、县（包括州）二级，府则由元代的路改成。广东省下辖广州、潮州、惠州、南雄、韶州、肇庆、高州、雷州、琼州、廉州10个府和罗定直隶州。府和直隶州下辖80多个县（州）。

明代广东新增设了顺德、新安、三水、龙门、新宁、从化、高明、开平、广宁、长宁、永安、连平、和平、饶平、平远、镇平、惠来、大埔、普宁、澄海、东安、西宁等22个县（州），其中位于粤东的潮州和惠州两府设县最多，占一半以上。这些新设县多是从原来一县或数县中分出部分地区而设。广东现代县级政区建制的格局，也基本在明代形成。

明朝广东政区的变化还表现在朝廷对海岛控制的加强。南澳岛由闽粤两省分管，万历年间，朝廷设专管南澳岛水兵的总兵，并设闽粤南澳镇，进一步保障了海防安全。

清代广东省与明代不同之处，就是在省、府之间设道，但道仅系监督区，实际上仍为省、府、县三级。广东设立的道：广肇罗道（治肇庆府）、南韶连道（治韶州府）、惠潮嘉道（治潮州府）、高雷阳道（治高州府）、钦廉道（治钦州直隶州）、琼崖道（治琼州府）。

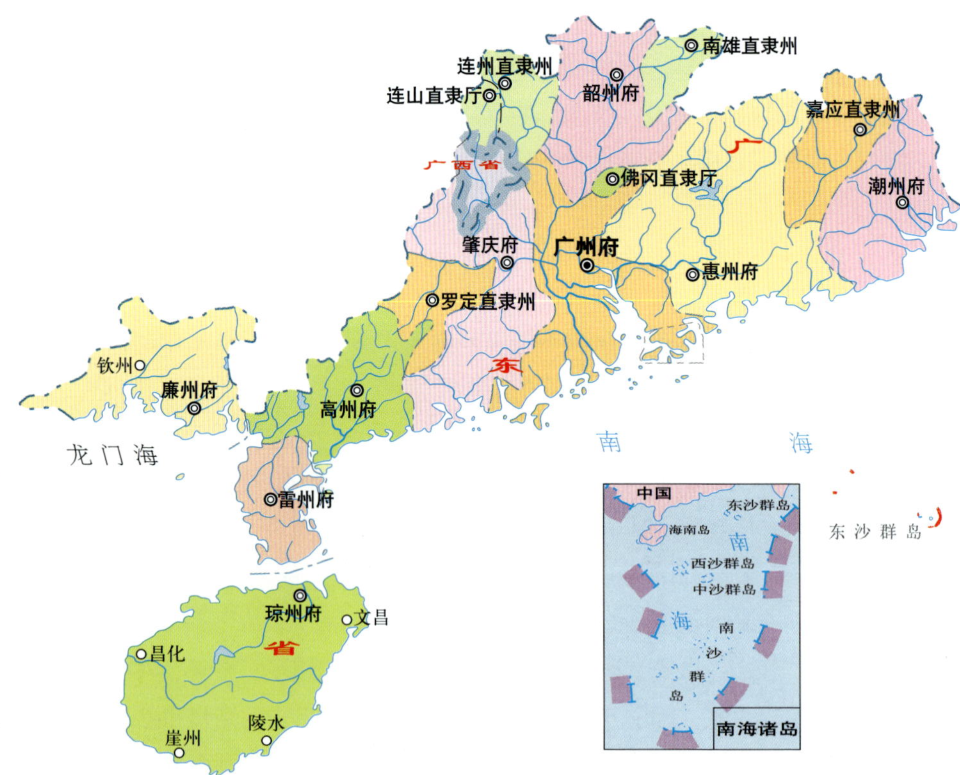

清代广东全图（1820年）

战火求存 南明政权在广东

明崇祯十七年（1644年）三月十九日，李自成攻克北京，崇祯帝自缢身亡。十月初一，顺治帝在北京登基，宣告明清鼎革初步完成。

明朝宗室在南方陆续建立了福王弘光政权、唐王隆武政权、鲁王监国政权、唐王绍武政权、桂王永历政权。最后两个政权建在广东。

清军消灭弘光、鲁王、隆武政权后，明朝一批大臣在广东继续组织抗清活动。顺治三年（1646年）十一月，隆武朝大学士苏观生、何吾驺等联合广州官绅拥立隆武帝的弟弟唐王朱聿𨮁在广州称帝，改元绍武，史称绍武政权。随后，佟养甲、李成栋率领清军从福建攻占潮惠两府，并伪装成明朝官府援军，出其不意进攻广州。唐王自缢而亡，何吾驺等降清，南明绍武政权灭亡。

在绍武政权建立的同时，广西巡抚瞿式耜、两广总督丁魁楚等在肇庆拥桂王朱由榔为帝，改元永历，是为永历政权。主帅何腾蛟、瞿式耜等力主抗清,并得到广东士民、大顺军、大西军支持。永历政权维持时间最长。

南明绍武和永历政权君主虽同为明朝宗室，同在广东立国，但却不能合力抗清，互争“正统”，水火不容。顺治三年（1646年），绍武政权遣陈际泰率兵攻打肇庆，与永历政权大战于三水，永历大败，严重削弱了南明抗清力量，导致南明政权的加速覆灭。

南明时期，广东成为抗清的大本营和根据地。顺治五年（1648年）四月十日，清广东提督李成栋在广州反清归明，奉永历年号，并胁迫佟养甲也归附南明。永历政权由此恢复了对广东全境的统治。

但永历政权无法阻挡清军南下的步伐，顺治十三年（1656年），李定

国迎永历帝到云南。顺治十五年（1658年）吴三桂攻占贵州后,分三路攻入云南,永历帝逃到滇西进入缅甸，于顺治十八年（1661年）被清军俘获，后于康熙元年（1662年）三月被吴三桂绞死于昆明金蝉寺，永历政权灭亡。

重镇肇庆 两广总督府

两广总督是明清朝廷派出管辖广东、广西两省的最高军政长官，总督办公的衙署始设于广西梧州，继迁广东肇庆，再迁广州。

明景泰三年（1452年）七月，朝廷因广东总兵和广西总兵在平定浔、梧瑶乱问题上相互推诿，瑶乱屡禁不止，遂接受兵部尚书于谦建议，任命左都御史王翱总督两广军务，此为两广总督设立之始，但建制尚不稳定。成化元年（1465年），朝廷又派韩雍在两广“提督军务，总制军马”，征讨广西大藤峡瑶乱。成化五年（1469年），韩雍因丁忧离任，瑶乱再起，广东巡按御史龚晟、按察司佥事陶鲁上奏在地处两广交界的梧州设总督府。十一月，韩雍出任总督两广军务兼理巡抚，开设总督府于梧州，自此两广总督成为定制。

明中叶以后，广西的瑶乱经成化以来的大规模征剿，已经渐弱。而广东境内的瑶乱、黎乱此起彼伏，日益加剧；又嘉靖以后，倭寇在广东潮惠二府沿海活动频繁，气焰嚣张。广东取代广西成了动荡多事之地，两广防务的重心逐渐向广东转移。嘉靖

晚清广州两广总督府旧址

四十三年（1564年）两广总督吴桂芳将总督府从梧州迁到肇庆府。

明代督抚是中央派出的钦差大臣，与“三司”之间名义上仍是中央官与地方官的关系，地方上日常事务仍由“三司”管理。到了清代，这种地方政治体制变革终告完成，总督作为封疆大吏的地位确立。两广总督府直到乾隆十一年（1746年）才由肇庆迁驻广州。

明嘉靖四十三年至清乾隆十一年，两广总督府驻肇庆长达近200年，肇庆因此成为两广政治和军事上的重镇。

万历十年（1582年），意大利传教士利玛窦进入中国内地的第一站即为肇庆，并在肇庆西江岸边建立了中国内地的第一座天主教教堂——仙花寺。利玛窦等传教士将圣母像、三棱镜、钟表、日晷以及一幅世界地图放在教堂展示，让中国人接触到了国外的科技和文化，开创了中西文化大交流的新纪元。

关霸独尊　粤海关

粤海关是广州海关的旧称。康熙二十四年（1685年），清政府以“海关”之名设粤海关、闽海关、江海关和浙海关，它们成为中国首批四大海关。粤海关初设在今广州天字码头一带，是中国近代海关的开始。

其实，征收关税在广州自古以来就有，只是不叫海关而已。唐代在广州首设市舶使院，宋代在广州设市舶司，明朝在广州设怀远驿等官府机构管理海外贸易兼税务。

粤海关在清代四个海关中最特殊。乾隆二十二年（1757年）实行广州一口对外贸易制度，广州几乎垄断了中国与西方的海洋贸易。作为管理海外贸易与征税机构的粤海关，地位日益显赫。粤海关大关衙门设在广州五仙门内，在澳门设有行台，负责外出和进驻停留船舶的稽查。

粤海关分总口与小口两类。总口七处，以省城大关总口和澳门总口为重，大关总口稽查城外十三行和进入黄埔的外国商船进出口货物，澳门总口负责稽查进入澳门的外国贸易商船。另设乌坎、庵埠、梅菉、海安和海口五个总口，总口下设70多个小关口。

粤海关与另外三个海关不同，专设监督，统管海关全部事务。监督全称“钦命督理广东沿海等处贸易税务户部分司”，充任者多为内务府满族官员。海关监督直属中央，实行垂直领导。粤海关的管理职能主要是征收关税和管理贸易，以征收关税为首务。

鸦片战争之后，西方列强强迫清政府签订了一系列不平等条约，粤海关沦为由洋人控制的机构。1860年，西方列强在沙面租界兴建粤海关税务司署，其被称为新关或洋关、海关，主要掌管洋式船只包括轮船和外国远洋帆船贸易的征税权。粤海关第一任税务司为美国人吉罗福，副税务司为英国人赫德。仍在粤海关监督管理下征收华商民船贸易关税的海关，则称常关或旧关。

现位于广州沿江西路的粤海关大楼，俗称大钟楼，属欧洲古典建筑式样，1916年落成，是全国现存历史最长的海关大楼。2006年5月，被列为第六批全国重点文物保护单位

最后的大本营 大元帅府

大元帅府原址为光绪三十三年（1907年）两广总督岑春煊开办的广东士敏土厂，1909年建成投产，是清末中国最大的机器水泥厂之一。

1917年9月，孙中山为组织“护法运动”对抗袁世凯，在广州成立

广东士敏土厂被征用为大元帅府。厂址位于广州河南，主体建筑为南北两幢楼房，中间用架空走廊连接，均为三层的意大利式房屋

中华民国军政府，并担任军政府海陆军大元帅，征用士敏土厂作为大元帅府。次年5月，因受盘踞广州的桂系军阀排挤，护法运动失败，孙中山被迫辞去海陆军大元帅职务，离开广州赴上海。

1920年，粤军将领陈炯明发动政变。1923年，孙中山联合桂军、滇军、粤军讨伐陈炯明，将其驱逐出广州。3月，孙中山在士敏土厂再建海陆军大元帅大本营，着手改组国民党，直到1924年北上为止。

大元帅府北临珠江，海军也驻扎在附近，是孙中山晚年两度建立革命大本营的地方，成为他改组国民党、制定和实施新三民主义、创办广东大学和黄埔军校，以及制定东征、北伐等方针政策的地方。1924年11月，孙中山为谋求祖国统一，也是从大元帅府出发北上的。

1925年7月，国民政府在广州正式成立，大元帅府也完成了其历史使命。后曾被改建为国父文化教育馆两广分馆、国父纪念馆等。1996年11月，大元帅府旧址被国务院列为全国重点文物保护单位。

中国军官摇篮 黄埔军校

黄埔军校位于珠江中央的长洲岛，1924年建校时名为“中国国民党陆军军官学校”，因校址在黄埔，简称黄埔军校。这是国共第一次合作时期的产物，目的是为国民革命培养军官，是中国近代最著名的一所军事学校。

1921年12月，共产国际代表马林在广西桂林会见孙中山，提议“创办军官学校，建立革命军”。1924年1月，中国国民党“一大”在广州

召开，会议决定全面改组国民党，实现国共合作，标志国共第一次合作正式形成。会议决定在广州创办一文一武两所学堂，即国立广东大学和陆军军官学校。国立广东大学为今中山大学前身。

李大钊与孙中山步出国民党“一大”会场

陆军军官学校机构庞大，组织严密，国共两党都派出一批重要干部参加领导工作。蒋介石任校长，廖仲恺为国民党党代表，周恩来任政治部主任，何应钦为总教官等。1924年5月，首批正式学员350名，备选120名，开始入学。

1926年，根据国民政府中央军事委员会决定，将原陆军军官学校扩大改组，成立中央军事政治学校。10月，国民革命军攻克武汉后，在武汉设立中央军事政治学校政治科，将黄埔第五期政治科学员迁往武汉就读。

1927年国民政府定都南京，第一次国共合作破裂，出现了广州、武汉和南京均有黄埔军校的现象。1929年9月，南京国民政府改学校为“国民革命军黄埔军官学校”，并在全国多地设分校。抗日战争全面爆发后，南京沦陷，学校迁往西南内陆，成为培养抗日官兵的大本营。1946年，黄埔军校改称“中华民国陆军军官学校”。1949年12月，黄埔军校在大陆停办，共办23期。1950年10月，黄埔军校在台湾高雄凤山继续开办。

黄埔军校为中国培养了大批优秀的军事政治人才，成为与美国西点军校、日本士官学校、英国皇家军官学校、苏联伏龙芝红军大学齐名的世界著名军校之一。

广州的黄埔军校大部分建筑物于1938年被日军飞机炸毁，1965年重新修缮，1984年建立黄埔军校旧址纪念馆，1988年被列为第三批全国重点文物保护单位。

珠江硝烟

战争篇

历史原本是丰富多彩的，然而传统的历史书写不可避免地记载了残酷的战争。南粤历史自秦汉开始就摆脱不了这一窠臼，战争在南粤的历史变迁中留下了深深的印迹，也成为南粤历史发展的最重要环节。南粤的战争，既有统治者争权夺利、改朝换代的相互厮杀，也有普通民众反抗王朝和官府统治的起义；既有南粤官民联合抗击外国侵略者的保卫战，又有南粤人民驰骋海洋争夺海上控制权的斗争；既有南粤人民不屈不挠屡次尝试推翻清王朝的民主革命，也有以广州为大本营进行的国内统一战争……南粤儿女不惜抛头颅洒热血，用生命之躯推动着历史前进，在中国历史上留下了许多可歌可泣的故事。

南越国终结　吕嘉之乱

吕嘉之乱是南越国末期的一次严重内讧。西汉高祖时，南越国虽臣服于汉，但仍处于割据状态，南越国官员全由南越王任命，且对内称帝。文景之治后，北方匈奴隐患基本消除，汉武帝决定武力收复南越。

元鼎四年（公元前113年），南越国赵婴齐死，赵兴继任，其母摎氏参与政事，主张归汉，而以丞相吕嘉为首的实权派反对内附汉朝。这一年，汉武帝派遣安国少季等前往番禺，卫尉路博德屯兵桂阳做后应。赵兴母子上书请求内属，双方达成协议。吕嘉等对此非常不满，与摎氏等矛盾白热化。

元鼎五年（公元前112年）四月，汉兵入境，吕嘉发动叛乱，杀死摎氏、赵兴及汉使安国少季，立术阳侯赵建德为南越王，并发兵把守边关，史称“吕嘉之乱”。汉武帝震怒，调江淮以南十万楼船水师，分五路向南越进发：卫尉路博德为伏波将军，出桂阳，下湟水；主爵都尉杨仆为楼船将军，出豫章，下浈水；另有“归义”越侯三人分率三路水军下漓水、郁江。五路大军均到番禺会师。以路博德和杨仆为主力。

公元前111年冬，两大主力在其他三路尚未开到时，已攻陷了南越国都城番禺，赵建德和吕嘉从海路逃亡，被路博德擒获。路博德乘胜挥

汉武帝平定吕嘉之乱后，在岭南设南海、苍梧、郁林、合浦、交趾、九真、日南、儋耳、朱崖九郡，将岭南地区归入西汉王朝的直接管辖下。九郡的设立使岭南郡县制稳定了下来，为岭南和中原的经济文化交流与融合提供了便利。也正因如此，岭南人自古至今设伏波庙，祭奠为统一做出贡献的路博德等人。

岭南地区伏波庙还祭奠另一位伏波将军，即东汉马援。时交趾地区爆发征侧、征贰起义，汉光武帝派马援率楼船水师讨伐，稳定了东汉边疆。

师合浦，收复了交趾、九真等地。接着，汉军又从合浦、徐闻渡海进入海南岛。南越国全境至此收复，南越国灭亡。

流动的农民军 黄巢攻克广州

唐乾符二年（875年）黄巢响应王仙芝起义，在山东起兵，唐末大规模农民起义由此爆发。黄巢之前因屡次参加科举考试不第，遂作《不第后赋菊》云：“待到秋来九月八，我花开后百花杀。冲天香阵透长安，满城尽带黄金甲。”

王仙芝被杀后，其余部转投黄巢，共推黄巢为王，号冲天大将军。黄巢为避开唐朝重兵把守的长江、洛阳一带，率众向长江以南挺进，攻入江西，再进入浙东、福建，攻克福州。为了休整长期奔波的队伍，黄巢决定进攻岭南，以此为根据地，再谋发展。

黄巢进入广东的路线，有“由闽入粤”和“由赣入粤”两说，但均经过今客家地区。客家地区流传的“葛藤坑”故事，说黄巢进入广东，路遇一妇女，身背年龄大的男孩、手牵年龄小的男孩逃难。黄巢问其缘由，妇女说：“听说黄巢造反，到处杀人，大孩是我侄子，父母已亡，因怕侄子被杀而背着。小孩是自己儿子，万一被杀还可再生。”黄巢感动之下，告诉她在家门口挂葛藤，就可免杀。黄巢下令军队对悬挂葛藤的家庭，一概不杀。

公元879年，黄巢攻陷广州，又分兵攻桂州（今广西桂林），占据交、广二州，控制了岭南。黄巢控制广州时，遭到留居广州的阿拉伯和波斯等地的商人反抗，黄巢派军镇压，杀死外国人达12万之多。

黄巢起义军在岭南休整一段时间后，因起义军多为北方人，不服南方水土和气候，军中又出现瘟疫，将士多希望北归。黄巢遂自桂州乘木筏沿湘江，挺进江陵，北向襄阳，于唐广明元年（880年）十二月，攻克长安，建立大齐政权。公元884年，黄巢在山东被部将所杀。

殉国之殇 崖山海战

崖山海战，又称崖门之战，是指南宋祥兴二年（1279年）宋蒙两军在今广东新会海域的崖山进行大决战，这场海战以南宋失败告终。

蒙古军于公元1276年攻陷南宋都城临安，南宋益王赵昰、卫王赵昺逃至福州。赵昰登基，改元景炎，为宋端宗，对张世杰、陆秀夫、文天祥等封官加爵。随后，文天祥出兵，准备收复失地，终因内讧而导致文天祥于公元1278年冬在今广东海丰五坡岭被俘。他在《过零丁洋》诗中留下“人生自古谁无死，留取丹心照汗青”这一不朽名句。

景炎元年（1276年）十一月，元军攻入福建，赵昰君臣由海路向广东海域逃亡。次年十一月，元军从海上追至，南宋君臣不得不浮海向西。景炎三年（1278年）三月，到达雷州，驻扎硇洲岛。不久，宋端宗染病身亡。卫王赵昺在硇洲岛登基，年号祥兴，升硇洲为翔龙府。

祥兴元年（1278年）六月，面对元军的进攻，南宋君臣率20万军队迁到新会崖山，继续抗元，崖山海战一触即发。公元1279年，元朝派张弘范率舟师进抵崖山，南宋张世杰指挥策略失当，将千余巨舰以大索贯之，以守为攻，结果被元军切断海上补给。元军向宋船施行火攻，因宋军早有防备而失灵。二月六日，崖山海战进入高潮，元军率先发动总攻，分南北两路夹攻宋军。海战从早上开始，一直持续到傍晚，以宋军失败告终。

崖山海战接近尾声时，南宋宰相陆秀夫身背年幼的少帝赵昺投海而死。突围的张世杰拥杨太后率十余舰逃走，后复还崖山收拾残局。杨太后听闻少帝已死，也赴海而亡。崖山海战后，元朝将领张弘范为标榜灭宋功劳，在崖山刻“镇国大将军张弘范灭宋于此”，以纪功劳。后有人在其首加“宋”字。今存田汉题“宋少帝与丞相陆秀夫殉国于此”碑。

明代广东大儒陈献章等引导官府在崖山建大忠祠，祀文天祥、陆秀夫、张世杰，又建慈元殿祭杨太后。

南宋在广东海域尤其是硇洲和崖山一带的活动，说明宋代广东海洋经济有了发展，大量军队驻扎广东，不仅需要粮草供应，还需要修造战船。

海寇之雄　黄萧养起义

清初屈大均说“海寇之雄，莫过萧养”，指的是明正统十四年（1449年）发生的黄萧养起义。这是明代广州地区爆发的第一次大规模民众反抗官府的行动。因起义军多来自以船为生的水上人家，故被视为“海寇”。

黄萧养系明代南海县人，因与豪强“占沙抢割”发生冲突而被捕入狱，在狱中领导囚犯数百人越狱成功，发动起义。黄萧养渔民出身，所率起义军也以水军为主。正统十四年（1449年），起义军在南海县驻扎，开始造船和训练起义队伍。八月，十余万起义军乘船千余艘，进攻广州，势如破竹；同时出动800余艘战船围攻佛山。明朝派总兵张安率军镇压，后不敌，张安溺亡。九月，黄萧养以五羊驿为行殿，自称“顺天王”，年号东阳，建立政权。

黄萧养起义爆发后，官府采取剿抚并用的策略，一面征调官军镇

压，一面把曾在广州当过布政司参议、颇有声望的杨信民调回当巡抚。杨信民“开城门，发仓廪”，怀柔劝降起义军，“多方招抚，降者日至”。

黄萧养起义爆发，正值明英宗在土木堡之变中被俘，统治者自顾不暇。正统十四年（1449年）十月，兵部尚书于谦率兵击退瓦剌部，取得北京保卫战大捷，并拥郕王朱祁钰为帝，改元景泰。外患平定后，于谦着力镇压黄萧养起义，晋升董兴为都督同知，调江西、两广军队出征广州。景泰元年（1450年）五月，杨信民突然死亡，董兴发动猛攻，黄萧养在白鹅潭之战中被射喉，坠水而死。起义余部继续在顺德一带战斗，最终被官兵击溃。

黄萧养起义后，明统治者为了加强管理，将南海县大良、冲鹤堡等地与新会县白藤等堡划出，设立顺德县，取“顺天之德”意。此外，明朝还赐“守土有功”的佛山为“忠义乡”。这也是顺德县和佛山忠义乡的由来。

中葡首次较量 屯门、西草湾海战与葡萄牙租居澳门

15世纪末，随着新航路的开辟，西方殖民者来到中国南海海域。中西碰撞不可避免。

屯门，指今香港屯门地区，明代属东莞县管辖。明正德年间，葡萄牙侵占了满剌加（今马六甲），将其作为侵略东方的中转站。正德九年（1514年），葡萄牙人阿尔瓦雷斯率船到达珠江口沿岸，要求登陆贸易，未获中国批准，遂与中国商人走私交易。这一年，广东右布政使吴廷举立《番舶进贡交易之法》，吸引外国商船到广东贸易。葡萄牙人一

马当先，不断到广东贸易。

1517年8月，葡萄牙多只商船抵屯门岛，要求继续北上，并强行进入珠江内河，到达广州，宣称向中国进贡。广东官府上奏朝廷，葡人退至屯门岛安营扎寨。葡人贿赂广东宦官，1519年底被允许到北京朝觐。1520年朝廷有官员要求驱逐葡萄牙人。1521年4月，正德帝驾崩，嘉靖帝登基，下诏不许葡萄牙进贡。

1521年8月，广东海道副使汪鋐奉命驱逐葡萄牙人。葡人置之不理。汪鋐于是派水师驱赶，双方开战，明军首次进攻，遇到葡人火炮而败阵。9月，汪鋐制定新的作战计划，一面火攻，一面派人潜入水中将未起火的葡船凿漏，葡人大败，逃回满剌加。中国收回被葡人盘踞的屯门岛。

屯门海战后，明朝下令见到悬挂葡萄牙旗帜的船只即予击毁。嘉靖元年（1522年），葡萄牙海军千余人在麦罗·哥丁霍（中国称“别都卢”）率领下，凭借“巨铳利兵”，进犯新会西草湾。中葡再次发生海战，明朝水师俘获别都卢等40余人，再次获胜。

1843年的澳门

1521年和1522年，中葡分别在屯门、新会西草湾爆发战争，均以中方告胜。之后，葡萄牙放弃了武装入侵中国的妄想，寻求和平方式进入中国，盯上了香山县管辖的澳门。嘉靖三十二年（1553年），葡人通过向明朝官员行贿，以晒货物为由，获得在澳门居住权。1572年，葡萄牙按惯例贿赂广东官吏500两白银，被官吏交付朝廷，成为“地租银”，以此获得在澳门居留权。澳门成为葡萄牙在中国的第一个落脚点。

鸦片战争后，葡萄牙趁火打劫，1887年12月，中葡签订《中葡和好通商条约》，葡萄牙对澳门进行殖民统治。1999年12月，中国政府恢复对澳门的主权。

屯门和西草湾海战是中国第一次在海上抗击西方殖民者的战役，以明朝获胜而告终。

毁家纾难　岭南三杰抗清

岭南三杰抗清，指南明政权时广东人陈邦彦、张家玉和陈子壮三人抗清的故事。清军入关后，南明政局更迭不断，其中广东就有广州的绍武政权和肇庆的永历政权。时岭南三杰凭借自身的威望，分别在顺德、东莞、南海誓师抗清。

陈邦彦，号岩野，顺德人，向弘光政权上《中兴政要三十二策疏》，但未能如愿。在永历与绍武政权争正统问题上，陈邦彦力促双方和解、合力抗清，也未奏效。顺治四年（1647年），永历政权危在旦夕，陈邦彦联合顺德甘竹滩义军由顺德入虎门江面围攻广州，久攻不下，退守高明，重整旗鼓，蓄势待发。

张家玉，号芷园，东莞人。崇祯十六年（1643年）进士，进京就职。李自成攻入京师，家玉被俘，后逃脱南归故里。清军统帅佟养甲多次招降他，遭拒。顺治四年三月，张家玉在东莞起兵抗清，后不敌，退至新安西乡，与李成栋军激战。失利后，率军屯守于博罗。

陈子壮，号秋涛，南海人。万历四十七年（1619年）进士，累官至礼部右侍郎。因遭魏忠贤排挤而罢官归乡。清军进逼广州时，陈子壮于顺治四年七月，起兵于南海九江。

岭南三杰起兵后，迅速形成三路合围广州之势，缓解了永历政权危亡之局。清廷从广西调李成栋军增援广州，三路义军拼死抵抗。九月，时任南明兵部主事的陈邦彦在清远与清军激战；十月，南明监察御史张家玉与清军在增城交战；陈子壮在高明与清军激战。因三杰沟通失当，难成合力，相继败退。陈邦彦、陈子壮被俘后受磔而死，张家玉则投塘而死。

岭南三杰，又称岭南三忠，他们领导的抗清义军延缓了清军攻占广东的进度，在一定程度上促成了清军主帅李成栋后来的据粤反清。在三杰的感召下，潮州、韶州、惠州、肇庆等地，均有义军先后响应，牵制了清军的步伐。广东因此成为南明抗清的根据地。

海上枭雄　华南海盗

明清时期，华南海盗较多。在常人眼中，海盗是男性所从事的冒险活动，但清嘉庆年间，广东海盗却出了一位女首领，她的名字叫郑一嫂。她和丈夫郑一均出身于海盗世家，她协助丈夫将华南零散的海盗组成了海盗大联盟，高峰时有约5万人，约2000船只，实现了对珠江出海口和伶仃洋的控制。郑一死后，她亲自掌握海盗联盟霸主的领导权，

被海盗大联盟尊称为“龙嫂”，后与养子张保仔结为夫妻，纵横南中国海。1809年，郑一嫂领导的海盗大联盟在中外势力联合围剿下发生分化，她决定率部归顺朝廷，并为部下谋得发展前途。张保仔被擢升为守备，后因破获鸦片走私重案有功，荣升副将。

海盗不仅绑架中国人，也绑架外国人勒索赎金。1806年12月，港脚船“塔伊”号上7名外国人被海盗截获，经过5个月谈判，海盗获得7150西班牙银圆而释放人质。两年后，海盗又绑架了英国人格拉斯普尔，经过长时间讨价还价，获得了7654西班牙银圆的赎金。

劫掠盐船是海盗获取财货的重要方式之一。19世纪初，广东有20多个盐场，大多分布在海边，盐多用帆船运往各地。海盗屡屡袭击盐船，一度控制了主要运盐航线。他们与盐商谈判，要盐商缴纳大笔保险费，以保证盐船的安全航行。

海盗还控制鸦片贸易。在1793年前后，海盗开始涉足鸦片贸易。1803年，英国东印度公司的大班抱怨说，海盗在广州西部妨碍了他们的鸦片销售。进入19世纪，海盗采取收取保护费的方式参与鸦片业务，鸦片商通过向海盗支付高价保护费而获得鸦片运销的权利。

海盗同样将强卖保险的行为从海上延伸至陆地。除了重要军事营地和口岸附近，南中国沿海的所有村落，都可能成为他们的勒索对象。由于村民对海盗的行为比较了解，多数情况下会答应海盗所提出的条件，以免遭到报复。海盗收入的系统化、稳定化，又促成了海盗活动的职业化。

广东拥有漫长的海岸线和众多的岛屿，素来有“以海为田”“以海为生”之说。明清海禁政策，束缚了海洋民众的生计，迫使部分民众入海为盗。明代嘉靖时东莞的何亚八，饶平的许栋、许朝光和张琏，惠来的林道乾，以及隆庆、万历年间饶平的林凤等，均以海盗形式在广东、福建、浙江、台湾等海域活动，被政府视为心腹大患。

中国近代史开端 第一次鸦片战争在广东

1840—1842年的中英鸦片战争是英国政府意图开拓中国贸易市场而发动的一场对华侵略战争，是中国近代史开端的标志。

19世纪以来，英国不断向中国大量走私鸦片。清政府于1839年3月派钦差大臣林则徐到广州查禁鸦片。林则徐下令英、美等国不法烟贩限期交出鸦片，并重申以后若再夹带鸦片，“一经查出,货尽没官,人即正法”。他将烟贩交出的2万多箱鸦片，放在珠江口东岸的虎门海滩开凿池塘，当众销毁，这就是著名的虎门销烟。

1839年7月，英国商船水手在香港九龙尖沙咀村醉酒斗殴，引发“林维喜案”，成为鸦片战争的导火线。1840年6月，英国侵华总司令和谈判全权代表义律率舰船48艘及官兵4000人抵达广东海面，武力封锁珠江口，挑起战争，标志着第一次鸦片战争正式爆发。

1841年1月7日，英军突然进攻虎门大角、沙角两炮台。沙角炮台守将陈连升率驻台官兵600余人浴血抵抗数日，最后不幸中弹牺牲。

1841年，虎门沙角炮台被攻陷后，陈连升的坐骑黄骠马被英军掳至香港，北向悲鸣，绝食而死，时称“节马”。陈连升牺牲后，广东人建专祠祭奠，为其马立“节马碑”。

同年2月26日，英军集结重兵，向虎门镇远、靖远、威远等炮台进攻。62岁的广东水师提督关天培率守台官兵顽强抵抗，他身先士卒，亲手点燃大炮轰击英军，与官兵400余人壮烈殉国，虎门失陷。

虎门战役后，英军沿着珠江而上，3月3日兵临广州城下。5月25日，英军向广州北郊发起进攻，占领了四方炮台（永康炮台），清军退入城内。27日，广东官府与义律签订《广州和约》，被迫缴“赎城费”600万银圆，清军撤离广州城60英里。但三元里人民的抗英行动，迫使英国撤离。1842年8月29日，清政府被迫签订中英《南京条约》，标志第一次鸦片战争以中国失败而结束。自此开始，中国逐步丧失国家主权和领土完整，沦为半殖民地半封建社会。

第一次鸦片战争与东莞虎门联系密切。今东莞虎门建有鸦片战争博物馆，林则徐销烟池与虎门炮台旧址被列为全国重点文物保护单位。

虎门威远炮台遗址

虎门销烟池

虎门鸦片战争博物馆

天诛英军 三元里抗英

三元里抗英纪念碑

三元里位于广州城北，第一次鸦片战争期间，因当地士绅率民众自发抗击英国侵略者，而名存千古。

1841年5月，英国侵略军攻占广州城后，有一队人马在三元里附近驻扎。这些英军在当地开棺暴骨、劫掠百姓财物，并调戏强暴村妇，激怒了三元里等地民众。他们在当地爱国士绅的支持下自发组织起来，决定以武力抵抗英军。5月29日，三元里民众击退了小股侵犯的英军，也料到英军必会报复，村民们聚集到三元古庙前誓师抗英，相约以“三星旗”作指挥战斗的令旗，宣誓“旗进人进，旗退人退”。怀清社学组织者举人何玉成等向附近的南海、番禺、增城等地发出号召，要求共同参与抗击英国入侵者的行动。

5月30日，三元里及其附近103乡民众手持长矛、大刀、锄头和石锤等原始武器，围困了英军司令部所在地永康炮台（俗称四方炮台）。英军司令卧乌古依仗自己拥有先进的武器，亲自率领约1000名士兵出战。民众且战且退，诱敌至牛栏岗附近，时暴雨骤降，埋伏在附近的大批民众冒雨反击。英军火枪因遭雨水淋湿，不能发射。民众趁着大雨，将英军分割包围，各个击破，打死打伤英军近60人，迫使英军狼狈地撤回到四方炮台内。

5月31日，番禺、从化、南海等地民众闻讯赶来助战，一时间聚集了数万民众，再次包围了四方炮台，准备一鼓作气消灭英军。英军见状，转而威胁广州官府，广州知府余保纯一面安抚英军，一面率番禺、南海两县县令向爱国士绅施压，民众被迫解散，最终使这次已经胜利在望的战争不了了之。

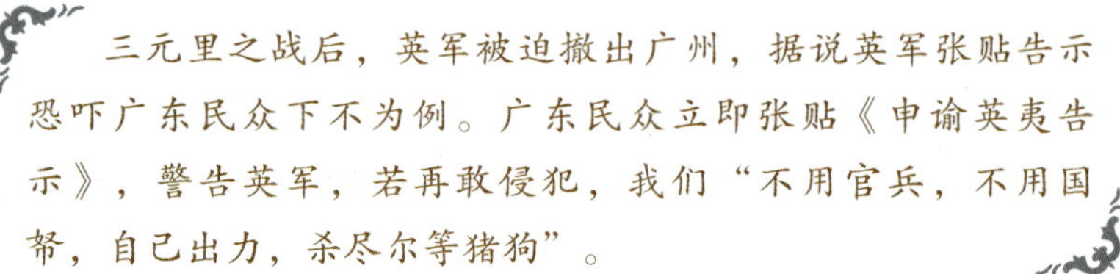
三元里之战后，英军被迫撤出广州，据说英军张贴告示恐吓广东民众下不为例。广东民众立即张贴《申谕英夷告示》，警告英军，若再敢侵犯，我们“不用官兵，不用国帑，自己出力，杀尽尔等猪狗”。

三元里抗英是中国近代史上第一次民众大规模自发抗击外来侵略者、保卫家园的战斗，在中国人民反侵略的历史上占有重要的地位。三元里抗英的胜利在一定程度上遏制了英国侵略者的嚣张气焰，凸显了广东人民保家卫国、抗击侵略者的勇气和决心，对当时和以后中国人民反抗侵略的斗争起到了鼓舞作用。

洪门造反 广东天地会起义

天地会是清代民间秘密结社之一，得名于拜天为父、拜地为母，故称天地会，又称“洪门”。广东天地会起义是晚清天地会系列反清武装斗争之一。

第一次鸦片战争之后，珠三角地区的乡勇和团练兴起，武装社团林立。咸丰四年（1854年）夏，太平天国定都南京后，珠三角地区的天地会为了响应太平天国的号召，欲攻占广州，作为太平天国在南方的门户。

这一年6月，何六在东莞石龙圩首举义旗，攻克东莞。7月，陈开在佛山石湾起义，攻占佛山镇。广东其他天地会也纷纷加入，参加者多达百万人，主要由行店工人、农民、无业游民和兵丁等构成，口号是“反清复明”，发布讨清檄文、文告，推举陈开为盟主。起义的主要首领还有广州的李文茂、陈显良，三水的陈金钍，肇庆的梁培友，韶州的葛耀明，惠州的翟火姑等。但起义实无统一的领导，大多拥戴太平天国，所以自称为洪兵，亦为洪门子弟。故起义又称“洪兵起义”。

李文茂是佛山著名粤剧艺人，常年在琼花会馆开演粤剧。他号召琼花弟子参加起义。起义失败后，粤剧艺人遭到屠杀，粤剧被禁演，粤剧中心遂由佛山转到广州。

1854年8月，起义军开始围攻广州城。英、美、法三国公然以武器、粮米接济清军。12月，两广总督叶名琛照会英国公使，请求出兵协同镇压起义军。起义军因各自为政，很快被中外联合势力击败，从广州撤退，分头转移。起义军主力在陈开和李文茂率领下，沿西江西上，于1855年夏进入广西。9月克浔州府（今广西桂平），建大成政权，年号洪德，改浔州为秀京作都城，封王建制，开炉铸钱。何六、陈金釭等联合粤北义军进入湖南，攻克郴州等地，后被湘军打败，何六牺牲。陈金釭又折回广东，向西攻克广西怀集，自称“南兴王”，建号大洪，据有粤桂交界数州县，同治二年（1863年）被俘死难。陈显良等转移到清远以北山区，1862年前后失败。葛耀明、翟火姑等进入江西，会合太平军。

1859年，李文茂病殁。1861年8月，秀京失陷。陈开出走被

總理軍机大臣統領水陸兵馬大元帥陳 示
為催捐兵餉以助軍需事自來身逃兵火
老幼盡屬傷心財勷需豪富亦宜量力現
下人皆奮志士盡同心住踞羊城廣羅豪
傑提師北上合力除殘凡爾各鄉殷户務
宜平日捐輸況前者義旗一舉簞食壺
樂輸誠恐後繼則隱慝推諉觀望不前
爾等見示立即輸將事屬軍需刻不容
緩且各家鋪眷謹守故鄉不得搬遷致
其失所各宜自思毋貽後悔
太平甲寅年七月 日示

广东天地会起义告示

俘遇害。大成国余部多归于贵县人黄鼎凤麾下。1864年5月，黄鼎凤被官兵捕获处死，大成国终结。

广州失守 第二次鸦片战争在广东

西方列强从第一次鸦片战争中尝到了甜头，他们乘太平天国起义之机，又对中国发动了第二次鸦片战争。

这次战争的源头是英国人制造了“亚罗号”事件。英国以此为借口联合法国发动侵略中国的第二次鸦片战争。

1856年10月8日，装有走私货物的“亚罗号”船，被广东水师在海珠炮台附近码头查获，依法逮捕了12名中国籍有海盗嫌疑的船员。英国为了挑起事端，英领事巴夏礼声称中国水师在入船捕人时，扯落了船上的英国国旗，要求广州当局赔礼道歉、释放人犯，限48小时答复。两广总督叶名琛认为“亚罗号”船为中国所有，船上并未悬挂英国国旗，与英国无关。英国根本不理会叶名琛的争辩，清政府不得不作出退让，将疑犯交英国领事，英国又以种种借口拒绝接受，并联合法国公然发动了侵略中国的第二次鸦片战争。

10月22日，英国舰队由虎门进犯广州，驻守炮台的清军被迫开炮还击，但英国凭着坚船利炮，于25日攻陷海珠炮台。番禺、南海义勇约5000人入广州城驻防，声援官军。27日，英军炮击广州，焚毁数百家店铺民房，广州民众以焚烧洋行还击。英军因兵力不足，被迫于1857年1月退出珠江内河，等待援军。

1857年12月，法国以马神甫事件为由与英国结盟，组成海陆联军5万余人乘军舰集结珠江口，悍然炮轰广州城。广东巡抚柏贵、广州将军穆克德讷投降，并在以巴夏礼为首的“联军委员会”监督下继续担任原职，成为中国近代史上第一个傀儡政权——广东巡抚衙门。两广总督叶名琛被俘，后由英军解往印度加尔各答，客死异乡。

1856年，广西西林知县逮捕1853年非法潜入该地的法国天主教神甫马赖及不法教徒20余人，经审判，处马赖等死刑，史称马神甫事件，又称“西林教案”。

英法联军占领广州后，洗劫了总督衙门，又抢劫藩库存银。1858年，广州附近义民在顺德、佛山等地成立团练局，集合数万人，御侮杀敌。

广州陷落后，1858年4月，英、法、俄、美四国公使率舰继续北上，抵达天津大沽口外，分别照会清政府，要求指派全权大臣谈判。5月20日，英法军舰炮轰大沽口炮台，驻守炮台清军与敌鏖战，大沽失陷，英法联军侵入天津城郊，并扬言进攻北京。清政府被迫于6月与英、法签订《天津条约》，将潮州（后改汕头）等开放为通商口岸。1860年10月，中英签订《北京条约》，割让九龙半岛界限街以南给英国。英法

1857年12月15日，英法联军攻占广州海珠炮台

1856年12月14、15日，广州人民火烧十三行洋人商馆区

第二次鸦片战争形势图（1856—1861年）

联军于1861年10月1日从广州撤出。第二次鸦片战争是列强对中国野蛮的侵略行径，使中国丧失了大片土地，进一步损害了中国主权。

浩气长存 辛亥黄花岗起义

辛亥黄花岗起义，又称辛亥广州起义、第三次广州起义、辛亥广州“三二九”起义，是同盟会在广州发动的武装起义。

辛亥革命之前，广州发生过三次武装反清起义，即1895年乙未广州起义、1910年庚戌新军起义和1911年辛亥黄花岗起义。

1894年11月24日，孙中山在檀香山（火奴鲁鲁别称）创立兴中会，以推翻清廷为己任。1895年，他和陆皓东等在广州建立兴中会广州分会，准备于重阳节发动起义，以陆皓东设计的青天白日旗为号。后被广东官府察觉，陆皓东在广州就义，孙中山被迫逃亡，这是孙中山领导的第一次武装起义——乙未广州起义。孙中山称陆皓东是“中国有史以来，为共和革命而牺牲第一人”。

少年时期的陆皓东

庚戌新军起义是同盟会在广州发动的第二次反清起义。1909年，同盟会广州分会成立后，加强吸收新军士兵加入同盟会，并于1910年2月在广州燕塘宣布起义，兵分三路进攻广州城。最终被清军镇压。

广州起义烈士纪念碑

广州起义和新军起义失败后，部分同盟会员对革命失去信心。时在美国的孙中山于1910年11月从北美赶到南洋槟榔屿召开同盟会骨干会议，决定再次发动广州起义。孙中山亲自到华侨中筹集军费，派人到国外购买武器。1911年1月，黄兴、赵声、胡汉民在香港组织起义领导总机构，以赵声为总指挥，黄兴为副总指挥。决定成立由同盟会员组成的“先锋队”（敢死队），在广州设秘密机关38处，刺探军情，准备军火。原定起义时间为4月13日（农历三月十五日）。

在临近起义前的4月8日，革命党人南洋华侨温生才刺杀广州将军孚琦，革命党人吴镜运送炸药被发现，致使两广总督张鸣岐严加戒备，起义时间被迫延期。黄兴秘密进入广州，改变作战计划，于4月27日（农历三月二十九日）发动起义。27日下午五点半，黄兴率130名先锋队员，臂缠白带，攻入两广总督衙门，火烧督署，与清军展开激烈巷战，最终被清军击败。黄兴、朱执信等化装逃走，喻培伦、林觉民、方声洞等100余人牺牲，起义再次失败。

这次起义的100余位死难烈士遗骸，事后由同盟会会员潘达微收殓72具，合葬于广州城郊红花岗，后改名黄花岗。参加这次起义牺牲的烈士被称为“黄花岗七十二烈士”。墓园位于今广州先烈中路，孙中山题“浩气长存”，是全国第一批重点文物保护单位。

黄花岗七十二烈士墓

革命史诗 广东国民政府东征

1922年6月，陈炯明炮轰孙中山的总统府。孙中山避难后，集结军力，摧毁陈炯明防线。陈炯明退据广东东江一带，通电下野，却和孙中山或明或暗相对抗。1923年3月，孙中山再次控制广州，建立海陆军大元帅府。次年1月，中国国民党“一大”召开，第一次国共合作建立。

广东省省长兼粤军总司令
陈炯明

1924年11月，陈炯明趁孙中山北上与冯玉祥、段祺瑞、张作霖商讨国家大计之机，在汕头召开军事会议，自任粤军总司令，准备进攻广州。孙中山接受苏俄军事顾问建议，决定先东征，再北伐。1925年1月7日，陈炯明从赣南、增城、惠阳分三路进攻广州。广东革命政府成立东征联军总司令，决定兵分三路东征。以黄埔军校学生军和粤军许崇智为右路军，由军校校长、粤军参谋长蒋介石统领，途经海陆丰，直袭汕头；滇军杨希闵部为左路军，进攻五华、兴宁；桂军刘震寰部为中路军，进攻惠州。东征军训练有素，屡次克敌。2月15日，陈炯明不得不弃汕头出逃。2月27日收复海丰。3月12日，孙中山不幸在北京逝世。东征军继承先生遗志，越战越勇，在揭阳棉湖大败敌军；又陆续攻克普宁、潮安、汕头，18日又克五华、兴宁。第一次东征基本打垮了陈炯明军主力。

1925年6月，刘震寰、杨希闵等部在广州发动武装叛乱。东征军回师广州镇压，在广州市民配合下，火速平定叛乱。陈炯明在革命军回师广州之际，取得英国的支援和补充，重新占领了东江一带，试图联合粤北的川军熊克武和粤南的邓本殷进攻广州。为了彻底消灭陈炯明军队，

国民政府决定第二次东征。9月，蒋介石为东征军总指挥，周恩来任东征军政治部总主任兼第一军党代表，何应钦、李济深、程潜分任三个纵队队长，开始第二次东征。首战攻下惠州后，连战皆捷。随后三个纵队趁势出击，分别从海丰、紫金、河源出击，至11月初，攻占了潮汕、饶平、五华、兴宁、梅县、大埔等地。到1926年初，东征基本结束，陈炯明势力基本被消灭。

东征结束后，广州国民政府开始谋求两广统一。1926年3月24日，广西军队被改编为国民革命军第七军，李宗仁为军长，两广统一实现，为北伐战争巩固了后方基地。

国内统一的起点 北伐战争与广东

1926年1月，中国国民党“二大”在广州召开。大会呼吁：“对外当打倒帝国主义”，“对内当打倒一切帝国主义之工具，首为军阀”。2月，中国共产党于北京召开特别会议，提出推翻军阀的政治主张。3月，中山舰事件发生导致汪蒋分裂。4月1日，蒋介石提出“整军肃党、准期北伐”的口号。5月21日中国国民党二届二中全会上通过北伐战争决议。同时，蒋介石以改善国共关系、处理党务纠纷的理由提出《整理党务决议案》，排挤共产党人和打击国民党左派，谋取国民党的最高领导权。

1926年7月4日，国民党在广州召开中央临时全体会议，通过了《国民革命军北伐宣言》，列举了北洋政府依附帝国主义的罪恶勾当，并以此为由正式出兵北伐。1926年7月9日，蒋介石就任国民革命军总司令，李济深任总司令部参谋长，白崇禧任参谋次长代理参谋长，邓演达任政治部主任，郭沫若任政治部副主任，正式誓师北伐。

北伐誓师大会

北伐开始，以共产党员为骨干的第四军独立团团长叶挺，率团作为北伐先遣队从肇庆出发，一路战无不胜，连克醴陵、平江、攸县，血战汀泗桥、贺胜桥，攻克武昌城，其所在的国民革命军第四军被誉为“铁军”。

叶挺

国民革命军自广东起兵，先后攻克长沙、武汉、南京、上海等地，不到半年时间，就从珠江流域进展到长江流域，并向黄河流域推进，形势一片大好。但1927年蒋介石在上海发动“四一二”政变，以汪精卫为首的武汉国民政府发动“七一五”政变，叛变革命，残害共产党人，北伐陷入全面停滞。宁汉合流后，北伐战争才得以继续，冯玉祥和阎锡山的加入，也推动了北伐战争的进程。1928年北伐军攻克北京。奉系军阀张作霖在回撤东北途中发生皇姑屯事件，其子张学良随后宣布东北易帜。北伐战争至此正式结束。

北伐战争的胜利，实现了全国统一，南京国民政府正式成为中国的代表政权。但由于国民党内部矛盾重重，为日后不同派系的中原混战留下隐患。而国民党在北伐过程中的一系列反共活动，导致国共正式决裂，内战随之到来。

东征、南征和北伐战争地图（1925—1926年）

红色花城 广州起义

1927年蒋介石和汪精卫公开背叛革命，广东省国民党当局在粤实行白色恐怖政策，大肆屠杀共产党员。在共产国际的帮助下，中国共产党先后组织策划发动了“南昌起义”“秋收起义”。随后，起义军由北南下进入广东，集结在东江地区策划起义行动。

1927年8月7日，中共中央政治局在汉口召开紧急会议，即“八七”会议。毛泽东提出“枪杆子里出政权”的口号，正式确定实行土地革命和武装起义的方针。8月20日，中共广东省委书记张太雷向广东省委传达“八七”会议精神，准备充分调动广州乃至广东各地工人、农民发动暴动，配合南下起义军夺取广东。但起义计划被汪精卫和张发奎发现，对广州实行戒严，并调主力部队回广州。

中共广东省委决定于12月11日凌晨提前发动起义。凌晨3时左右，张太雷、叶挺、黄平、周文雍、叶剑英等起义领导人率将士5000余人，分别突袭广州各要地，这次行动的主力是工人赤卫队。起义军攻克广州市公安局后，仿照巴黎公社建立了广州苏维埃政府，又称“广州公社”。广州公社旧址位于今广州市起义路，1961年3月，被列为全国重点文物保护单位。

广州苏维埃政府旧址

广州苏维埃政府成立后，发布了《广州苏维埃宣言》《告民众书》等，极大地鼓舞了广州市工人、农民和市民的士气，他们纷纷参加到起义行动中。

起义爆发后，国民党省政府主席陈公博及张发奎仓皇撤离，并调拨周边部队火速支援广州。英、法、美、日也对镇压起义给予支持。起义军和支持起义的工农市民尽管英勇抵抗，但敌我实力悬殊，起义主要领导人张太雷不幸牺牲。为了保存革命力量，起义军在12日夜间撤出广州，大批未撤离的起义军和拥护起义行动的群众惨遭杀害。

广州起义是中共“八七”会议精神在广东得到响应并付诸行动的一次大规模暴力革命，是在城市建立苏维埃政权的大胆尝试。起义虽然失败，但保留了革命力量，为中国共产党的革命事业提供了经验与教训。

工人的壮举——省港大罢工

省港大罢工——工人在广州街头游行

1925年6月至1926年10月，广州、香港大量工人为支援上海“五卅惨案”举行大罢工，时间长达一年零四个月，因发生在省会广州和香港，史称“省港大罢工”。这是世界工人运动史上历时最长的大罢工。

“五卅惨案”后，在中共中央的指示下，时设在广州的中华全国总工会总书记邓中夏、香港海员工会苏兆征，以及杨殷、杨匏安等在香港成立了罢工统一指挥机关“全港工团联合会”。1925年6月19日，香港的海员、电车、机器、洋务等行业工会首先发动罢工。21日，广州沙面租界2000余名工人也宣布罢工，形成了声势浩大、旷日持久的省港大罢工。

当时正处于国共第一次合作时期，在国共两党组织下，6月23日，回到广州的香港罢工工人与广州工人和革命群众等10余万人举行游行集会。会场分三部分，谭平山主持工农界会场，伍朝枢、邹鲁主持学商界会场，汪精卫主持军界会场。胡汉民宣读国民党决议案，廖仲恺、孙哲生、甘乃光作为代表上台演讲。当游行队伍经过沙面租界对岸“沙基”时，遭到英法水兵开枪射击，死伤200余人，酿成“沙基惨案”，又称“六二三”事件。为纪念遇难者，广东革命政府将沙基改名为六二三路，现存有“沙基惨案烈士纪念碑”。

“沙基惨案”后，全国总工会召集香港、沙面各工会代表开会，成立省港罢工委员会，苏兆征任委员长兼财政委员长，李启汉任总干事，邓中夏为党团书记，并出版《工人之路特号》。广东革命政府照会英、法等国，宣布与英国经济断交，封锁香港出海口，禁止粮食进出香港。罢工工人还组织运输队、宣传队和卫生队，支援东征与北伐。

1926年7月15日，国民政府与香港英国当局谈判。10月，罢工委员会宣布取消对香港的封锁。至此，历时16个月的省港大罢工基本结束。

浴血保家园 广东抗日

1937年“七七”事变爆发，日本发动全面侵华战争。广东军民和全国人民一样在家乡浴血奋战，坚决抗击日本侵略者，为抗日战争胜利做出了巨大贡献。

1938年5月，厦门沦陷，潮汕形势告急。截至6月，日本对广东地区频繁空袭。在此期间，日本侵略军多次进犯广东沿海地区，因遭到当地军民抵抗而未得逞。

1938年上半年，日本对广东地区空袭1400多次，仅广州市就遭到800多次空袭，人口锐减四分之三。

南澳是广东东部最大海岛，也是兵家必争的华南海防要地。“九一八”事变后，日本多次派遣特务潜入南澳侦察地形并搞策反活动，为日后侵略做准备。1938年6月，日军正式进犯并攻陷南澳岛。7月，在国民党爱国将领、共产党游击队和南澳群众的共同努力下，国民党军队重返南澳并收复县城。这是广东抗日的第一仗，也是华南抗日的第一次胜仗，极大地鼓舞了全国抗战的士气。

日军窥视广东，其主要目标是广州。日军选择的登陆地是适合舰艇停泊的大亚湾澳头。1938年10月12日，日军入侵大亚湾，国民党军队第

1945年9月16日侵粤日军投降仪式在广州中山纪念堂举行。

广州人民为纪念国民革命军第十九路军淞沪抗战而建的十九路军淞沪抗日阵亡将士墓园（位于今广州市先烈路沙河顶）。

审图号：GS（2012）686号

中共领导的广东地区主要抗日根据地示意图

一五一师寡不敌众，损失惨重，淡水等地守军不战而溃，加之国民党作战计划及人员安排的混乱，导致惠阳、博罗、增城等地相继失守。10月21日，国民党仓促撤退，广州沦陷。

广州沦陷后，广东抗日中心北移，粤北山区成为广东抗日的主要根据地。12月，广东省政府迁往韶关，成立战时省会。日军于是将韶关作为攻占重点，先后于1939年12月、1940年5月、1944年11月，发动三次大规模的进攻行动，均遭到了广东军民英勇抵抗。广东军民取得了前两次战役大捷，直到第三次粤北战役才失去韶关。

1939年在韶关的第一次粤北战役，堪称当时广东战场上规模最大、时间最长、战斗最激烈的抗日战斗，前后历时一个多月，在第十二集团军总司令余汉谋的指挥下，成功击退日军。

红色抗日武装 东江纵队

在日本发动全面侵华战争后的一段时间内，主要战场集中在华北和华东地区。厦门失陷后，华南地区也成为主战场之一。日军登陆大亚湾后，东江下游地区逐步沦陷。

在广东活动的中国共产党迅速投入到抗日战争中，积极组建抗日武装，在东江流域成立了惠（阳）宝（安）人民抗日游击总队和东（莞）宝（安）惠（阳）边人民抗日游击大队。1939年初，介于国共合作的需要，这两支武装队伍分别更名为国民革命军第四战区第三纵队新编大队和第四纵队直辖第二大队。9月，这两支武装队伍对再度登陆的大亚湾日军进行伏击，收复了部分失地。

东江纵队在抗日行军途中

国民党对中共游击队伍的发展壮大采取打压策略。1940年3月，这两支队伍受到国民党围攻，不得不向海陆丰转移，途中再次遭到围堵，最终只有100余人突围。两支部队被整编为广东人民抗日游击队第三、第五大队，并建立了大岭山和阳台山两个抗日游击根据地。1941年日军占领香港，抗日游击队特派武工队潜入港九，开展城市游击战。

1943年11月，游击队经过一个多月的英勇战斗，跳出了日军包围圈，粉碎了日军占据广九铁路的企图，游击队伍发展壮大到3000多人。12月2日，游击队被改编为广东人民抗日游击队东江纵队，司令员为曾生，政治委员为林平。东江纵队又分1个主力大队、5个地方大队和1个护航大队。东江纵队成立后，发动了一系列游击战，其中护航大队在大鹏湾俘获日军武装运输船3艘，东江纵队北上抗日先遣队在粤北展开游击行动，解放过清远县城；东江纵队还相继开辟了江北抗日根据地、五岭抗日根据地等敌后战场。

东江纵队从一支小游击队逐步发展成为华南抗日战场上的主力部队，与华南地区抗日部队相互协作，先后经历大小战斗1400余次，歼灭日伪军6000余人，部队发展到1.1万余人，建立了大片抗日根据地。1945年，朱德在《论解放区战场》报告中将东江纵队、琼崖纵队等称为“中国抗战的中流砥柱”。

东江纵队港九独立大队营救过梅兰芳、茅盾、何香凝等数百位知名人士和国际友人，在国际上产生很大影响。1944年2月11日，中美联合空军飞行指挥员兼教官克尔中尉在与日空军激战中负伤跳伞，落在香港新界，东江纵队奉命营救出了克尔。

五星红旗飘扬 广东解放

1946年，由国民党发动的内战全面爆发，广东地区的人民武装力量也遭到国民党“清剿”。在中共中央的指示下，中共广东省委和人民军队与以宋子文为主的国民党广东政府对抗，多次击退敌人的“清剿”攻势。

1947年7月，解放战争形势发生变化，中国人民解放军进入战略反攻阶段。在“打倒蒋介石，解放全中国”的号召下，全国战场形势明显转变。为了适应广东解放事业的发展，中央军委批准成立了中国人民解放军粤赣湘边纵队，在抗日战争中发展壮大起来的琼崖纵队等游击部队也取得了进一步发展，广东转入全面进攻的阶段。

此时的广东已经成为国民党最后的重要基地，在人民解放军冲破长江防线后，国民党政府仓皇迁至“新都”广州，妄图集结残余兵力做最后的挣扎与抵抗。

1949年9月，叶剑英在赣州召开作战会议，制定了解放广东的作战计划，得到毛泽东的批准，并于9月24日、25日解放“岭南第一关”的所在地南雄县和始兴县，撕开了国民党粤北地区的防线。9月27日，梅州全境解放。10月2日，解放军正式拉开广东战役的序幕。10月14日，广州地区迎来了真正解放。15日清晨，东亚酒店升起广州第一面五星红旗（今收藏于广东历史博物馆）。

1949年10月14日广州迎来解放。自此，10月14日被定为广州解放纪念日，“中华路”更名“解放路”，人们在海珠广场树立了解放纪念雕像。

广州解放后，解放军分路追剿四散逃窜的国民党残余部队。伴随着

人民解放军进入广州市区

解放军的追击行动，广东各地区人民和当地武装纷纷响应，部分国民党部队也相继投降或起义投身革命。10月15日惠州解放，17日汕尾解放，18日肇庆和平解放，22日江门解放，24日汕头解放（南澳岛1950年2月23日解放）。10月30日，中山解放。12月19日，雷州半岛的解放，宣告了国民党失去广东大陆最后的一个重要据点。粤北山区的连阳地区（今连州市），是解放广东的收尾之作。至12月24日，历时20多天的连阳战役的胜利，标志着除海南岛（1950年5月1日解放）及一些小岛外，广东全省解放。

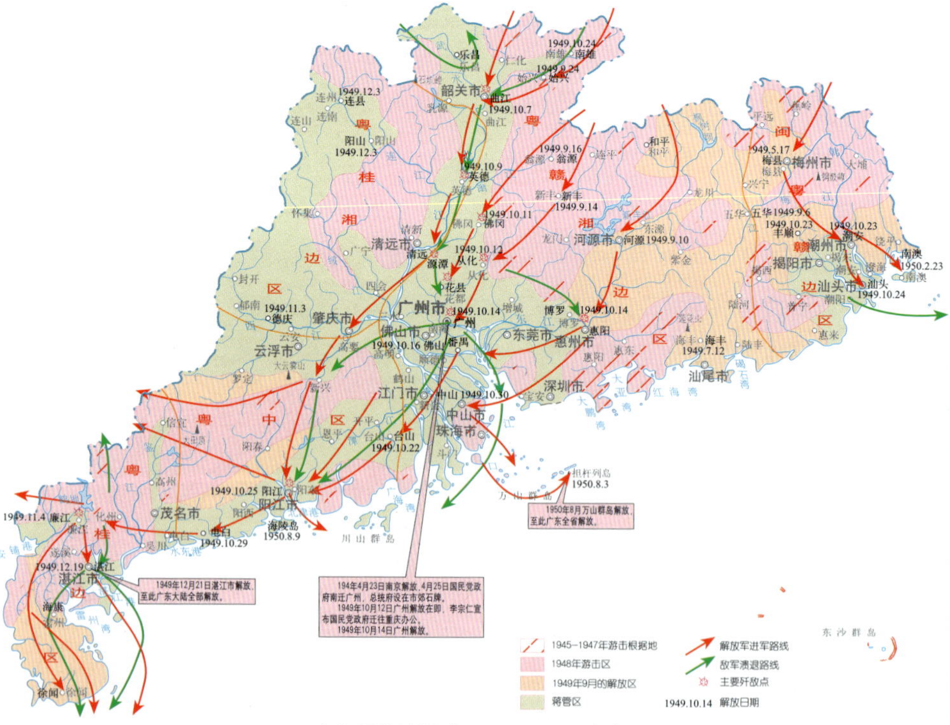

广东解放地图（1945—1949年）

敢为天下先

经济篇

南粤濒临广袤的海洋，港口与岛屿众多。自古以来，其社会经济发展，就始终与海洋联系在一起。从西汉武帝开始，王朝就开辟了从涂闻等港口向西出发的海洋贸易航线，这是官方最早开辟的目的非常明确的海上丝绸之路。伴随着海上丝绸之路的不断发展，南粤的海洋珍珠也成为传统社会最受欢迎的海洋产品。明清时期，以海商身份崛起并逐渐壮大的粤商，跻身于中国十大商帮行列，而清前期实行的广州一口通商贸易政策，更使得粤商获得了得天独厚的条件。粤商通过海洋行走于海内外的市场，成为沟通中国与世界的重要力量。在海洋贸易的社会大环境下，重商已成为南粤社会的一种风气，并因此形成了闻名天下的工商业巨镇——佛山。鸦片战争以后，面对西方列强的经济侵入，南粤人再次以敢为天下先的勇气，率先在南粤大地开启中国近代化的进程，并逐渐向中国沿海和内陆地区推进。粤人在中国近代化的历史进程中始终走在最前列。

开海洋贸易之先 海上丝绸之路

一般认为，丝绸之路形成于汉代，分陆路和海路。陆路从今西安出发，经新疆到达中亚、西亚各国，直至罗马帝国。陆路初出于军事目的，后形成重要商路。

海上丝绸之路由朝廷主动开放海洋贸易所致。西汉武帝时在广东徐闻、合浦等开辟港口，通过“船行”驶向东南亚和更远的西洋各国，船员由官府招募，以黄金、丝绸向沿途各国换回明珠、碧琉璃、奇石、异物等。这条贸易航线从徐闻、合浦下海，顺中南半岛东岸南行到达湄公河三角洲，再沿中南半岛西岸航行抵达湄南河口停靠，由此沿马来半岛东岸南下，一直向西航行到印度洋东南岸，历时约十二个月。回程时，经今斯里兰卡向东航行抵马六甲海峡，停泊在新加坡的皮散岛，最后返

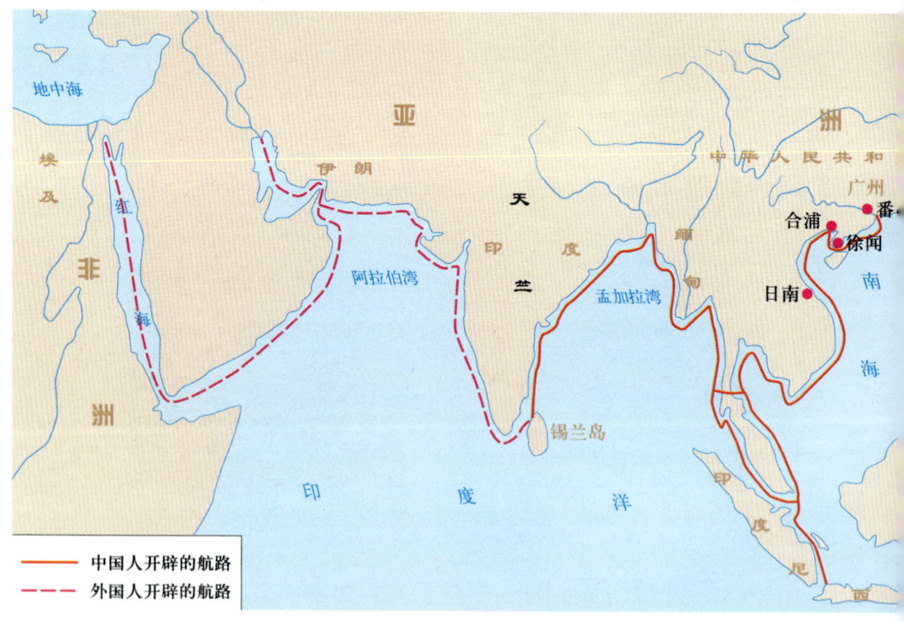

审图号：GS（2012）686号

汉代海上丝绸之路地图

回到日南郡，历时十个月。这条航线沟通了中国、东南亚、印度、西亚等地。这是我国正史《汉书》记载的最早海上航线，徐闻也成为王朝开辟的最早海上丝绸之路港口。

秦汉时期，番禺成为岭南水上交通枢纽，是徐闻等港口商货集散的腹地，也成为与中原经济交流的中心地。三国以后，海上丝绸之路中心逐渐转移到广州；隋唐时，广州已成为海外贸易的交通中心。隋开皇十四年（594年）所建的南海神庙又称波罗庙，是海上丝绸之路的重要标志。唐朝在广州设市舶使，这是全国唯一的海外贸易管理专职官员；并专门开辟“广州通海夷道”，从广州起航，横穿南海，抵达印度洋，经波斯湾，最终到达东非地区，这条航线是当时世界上最长的远洋航线。唐朝还在广州设蕃坊和蕃市，促进了海洋贸易的繁荣。北宋在广州设市舶司，后又在杭州、明州（今浙江宁波）、泉州等地设市舶司，专管中外海船贸易。

元朝海外贸易范围进一步扩大，市舶制度不断完善。元世祖先设泉州市舶司，后又在广州等沿海地区设置市舶司，制度较唐、宋完备。

南越王墓出土的波斯银盒

明初为营造四夷来朝的局面，非常重视贡舶贸易，民间商舶贸易受抑制。贡舶贸易多走海路，广东再次成为朝贡主要通道。永乐年间，因诸蕃来华贡使增多，明朝在广州、泉州、宁波三地建造驿馆，以招待诸蕃朝贡使者，也是中外商人从事贸易的场所。广州驿馆叫怀远驿，地址在今广州市十八甫。明后期，商舶贸易勃兴，从万历年间开始，广州每年在春、秋两季均举办中外商人贸易会，成为最早的“广交会”。

南海神庙

清朝广州设粤海关，管理对外贸易。又有十三行专门经营海外贸易。乾隆以后，朝廷实行广州一口通商，广州遂成为世界贸易的中心，也成为最繁华的大都市。

南珠独秀　珍珠开采

广东珍珠质量最佳。屈大均在《广东新语》中说："合浦珠名曰南珠。其出于西洋者曰西珠，出东洋者曰东珠。东珠豆青白色，其光润不如西珠，西珠又不如南珠。"

珍珠，又名真珠、蚌珠，一般作装饰品或药用。我国文献关于珍珠的记载始于周代。秦汉以来，广东的珍珠就已成为达官显贵竞相追逐的奢侈品。汉代刘向《列女传》就记载了珠崖令后妻与继女携带珍珠过关的故事。

汉代徐闻、合浦港的开辟，使北部湾海域成为珍珠主要产地，以珠崖和合浦珠场为主。珠崖因盛产珍珠而得名，合浦"郡不产谷实，而海出珠宝"，百姓以采珠为业，交换所需粮食。魏晋南朝时，北部湾仍是"百姓唯以采珠为业，商贾去来，以珠贸米"。时合浦太守陶璜采取限时采珠措施，以保证珍珠质量，出现了专门的珠市。唐代以后，海洋采珠逐渐向专业化发展，出现了专门从事采珠的"珠户"，而适合珠贝繁衍生息的海域或海湾，被称为"珠池"。唐代对珍珠实行官营开采，禁止民间私采。

南汉时，采珠主要集中在雷州、廉州和珠江口等地。刘鋹曾设媚川都，募集数千人入海采珠，国库珍珠堆积如山。宋代废除官方采珠，官府所用珍珠多买自舶商，出现了“生在江海，居于舟船”的疍民专业采珠。元朝官府专门设乌疍户采珠，时东莞海域是主要采珠场之一，疍民不时被迫下海采珠。元延祐六年（1319年）东莞人张惟寅作《上宣慰司采珠不便状》就反映了这一状况，并说疍民因“冒死入水”采珠，死亡甚多，朝廷遂罢采。

明代又以官方采珠为主，朝廷派珠池太监为开采使，亲临珠池负责监督。采珠的场所主要在雷州府和廉州府的海域，其中廉州府就有乌泥池、海猪沙、平江池、独榄沙洲、杨梅池、青婴池、断望池等大珠池，还有徐闻县的乐民珠池。

清代之前，采珠业全靠潜水捞贝的原始方式进行。之后在前代基础上改进了采珠方法，创造了一种用筐拖捞的缆轮采珠法。珍珠采集多在每年农历二三月开始，九十月收工。珠户下海采珠时，往往会集中祭祀和祈祷，祈求风平浪静，以获取更多更好的珍珠。

民以食为天 农业垦殖与水利兴修

广东农业经济最早可追溯到“马坝人”时期。考古学者在马坝狮子岩发现了稻谷壳、米粒等遗迹，表明原始稻作农业已出现。先秦时，广东出现家畜饲养业，主要以养猪、水牛、狗为主，农业生产以种植水稻为主，也出现了荔枝、香瓜等的种植。南越国时，牛耕技术传入广东，农业生产进入精耕细作阶段，出现大量犁耕遗迹，今广州、佛山等地发现有陶水田模型，出土了鸡、鸭、猪、狗、牛、羊等动物俑。三国两晋时，广东大部分地区普遍使用铁器，农耕已能采用先犁后耙的技术。南朝时，北人南迁，促进了广东农业生产的发展。

佛山剪纸《早春》

潮绣

广绣

葵扇

唐朝广东农业进入全面开发阶段，垦殖逐渐向山地丘陵和河谷地带推进，出现了“畬田”“梯田”“沙田”等。西江流域农民已能熟练掌握深耕细作、培土施肥等技术，学会不同作物的轮作复种技术，出现了双季稻。南汉时，“畬田”“梯田”被广泛推广，且出现漂浮的稻田——葑田。北宋双季稻继续推广，并引进占城稻，“秧马”插秧被引入广东。南宋广东的棉麦种植面积扩大，潮州出现木棉田。元朝广东推行屯田，明清广东商业性农业多占用良田，促进山区垦殖的深入。沙田垦殖在珠江三角洲和韩江三角洲日益增多。

水利是农业发展的命脉，广东农田水利建设也随之发展。秦朝修灵渠，引湘江入漓江，不仅方便运送军饷，而且沟通了珠江与长江两大水系，有利于西江流域农业开发。唐朝广东民众根据地形兴修水利设施，水乡地带修筑堤围、水闸；干旱地带修筑陂塘池湖，如潮州的西湖、连州的海阳湖等；山区则凿井汲水获取水源，使用水车灌溉。宋代农田水利兴修主要集中在珠江三角洲和韩江三角洲地带，著名的工程有潮州三利溪、高要金西围、东莞东江堤和王家渠、香山罗婆陂、澄海新溪涵等。雷州出现了万顷洋田，由知州何庾、戴之邵主持修筑。元朝广东南海、高要在之前堤围的基础上，又修筑了大量堤围，雷州半岛在原湖塘基础上开凿石渠，引西湖水灌溉农田。明清陂塘堤堰修筑增多。康乾盛世，南海、顺德组织修筑了规模巨大的桑园围，大大提高了堤围防洪能力。

商界黑马 粤商崛起

粤商作为商帮的崛起，是在明代以后。包括广府帮、潮州帮、客家帮等。

粤人经商有着悠久的历史。汉代以来就参与了海上丝绸之路贸易，形成了海洋贸易的传统，具有建造和驾驶船舶的技术，为明清粤商的崛起奠定了基础。明清之际，粤商崛起，与徽商、晋商等并列为中国十大商帮。

“南海Ⅰ号”复原图

“南海Ⅰ号”是南宋初期一艘在海上丝绸之路向外运送瓷器时失事沉没的木质古沉船，沉没地点位于今广东省阳江市南海海域，1987年在阳江海域发现。是迄今为止世界上发现的海上沉船中年代最早、船体最大、保存最完整的远洋贸易商船，它为复原海上丝绸之路的历史、陶瓷史提供极为难得的实物资料

自明代以来，广府商人大举向京城和江南地区进发，用岭南的土特产和洋货换回出口商品。清代苏州出现的“扇子会馆”，就是新会商人建立的冈州会馆的俗称，“山塘扇肆，多贩于粤东之客”。粤商与徽商、晋商不同，他们不仅走出去，而且将本土作为海内外商业贸易的大本营。各地商人纷纷涌向广东，俗称“走广”。乾隆二十二年（1757年）朝廷实行广州一口通商，广东十三行商人成为官方的代表，肩负着经营贸易和外交事务的双重责任。

“南澳Ⅰ号”是在广东汕头市南澳岛发现的古沉船，经考古判断古船年代为明万历年间。这是南海海域继“南海Ⅰ号”之后，发现的又一艘保存较完好、满载珍贵瓷器的古代沉船

“南澳Ⅰ号”出土的青花瓷

潮州帮从事的海上贸易别具一格，“红头船”成为潮商船只的标志。红头船是政府控制海外贸易的产物。清朝规定所有出海船只都要编号且在桅杆上油饰标记，广东商船涂以红色。红头船贸易带动了潮州沿海各港口的兴盛。乾隆年间，潮州商人在苏州两度参加迎接乾隆帝南巡的活动，倍受世人瞩目。客家商帮不仅在沿海各城镇经营，还深入到内陆四川、重庆等地营销山货。

明清时期，粤商凭借天时地利人和的优势和敢为人先的冒险精神，向海内外发展，其足迹遍及北京、南京、天津、上海、汉口、厦门等通都大邑，以及南洋、日本、美洲等地的商业都会。为了加强彼此之间的协作，他们在足迹所到之处建立起诸多的商业性会馆、公所，将其作为交流商业信息、储存货物的大本营。

乡村重商 明清广东农业的商业化

明清粤商的崛起，以及各地商人云集广东各地，导致了广东农业发展的商业化倾向日益凸显。重农抑商是中国传统社会的主要经济模式，但这一模式在广东却变了样。

明清广东创造了桑基鱼塘、果基鱼塘等生产模式，以逐利为主的经济作物种植成为乡村主流。屈大均在《广东新语》中说，珠三角地区农户往往将种植水稻的肥田改种果木，以荔枝、龙眼最多，顺德陈村的龙眼种植一望无际，荔枝、柑、橙诸果居其三四。增城沙贝种植的荔枝、龙眼，“岁收数万斛，贩于他方”。广东种植果树获利甚至引起雍正帝的注意，“广东本处之人，惟知贪射重利，将地土多种龙眼、甘蔗、烟叶、青靛之属，以致民富而米少”。

明中叶以来，广东种花农户不断增多，番禺人“多以花果为业”，广州珠江南岸农户多“以种素馨为业”。素馨花成为广州花业的“拳头产品”，广州歌谣有“附郭烟春十万家，家家衣食素馨花”的唱词。广州西南郊出现“平田弥望，皆种素馨花”的奇观。潮州和雷州则大面积种植甘蔗，甘蔗种植面积和水稻相差无几，甘蔗成熟季节，商人到各乡收购，并就地榨糖。

蒲葵种植在新会发展起来，据万历《新会县志》记载，新会“蒲葵之利，几遍天下”，葵农也因此获利不菲。乾隆年间，粤北地区的南雄已出现烟草种植面积几乎与水稻种植面积相等的现象，成为闻名遐迩的烟草生产区。茶叶种植多集中在南海西樵山和广州的河南等地，惠州罗浮、潮州潮阳、肇庆鼎湖等地也出现产茶区。

商业性农业的发展，使明清广东社会经济充满活力，促进了乡村榨糖业、丝织业、制蒲业的发展，并逐渐脱离农业而独立发展。随着商品经济的发展，农村墟市也兴旺起来，出现了专业性的墟市，如南海鱼市、罗浮山药市、东莞香市、广州花市、廉州珠市等。

明清广东沿海民众“以海为田，以鱼为活”。清初蓝鼎元曾说：广东“人稠地狭”，田地不够耕种，只好向海洋发展，出现“望海谋生者十居五六”的局面。鸦片战争前夕，林则徐作为钦差大臣到广东查禁鸦片，也说广东人民“以海洋为生者，尤倍于陆地，故有渔七耕三之说”。历史文献屡用“以海为田”“洋田万顷”“潮田”“沙田”等表述广东经济发展的海洋特性。以养殖业为例，广东滨海地区有蚝田、蟹田、蚬田、虾田等专业养殖，并且养殖与种植相结合的桑基鱼塘、果基鱼塘、蔗基鱼塘等经营方式普遍展开。

新会甜橙

增城挂绿母树

潮州柑

工商至上 佛山镇的繁盛

明清时期，佛山由一个默默无闻的乡村，一跃而成为“岭南一大都会”，与汉口、朱仙、景德并称“天下四大镇”，又与北京、汉口、苏州并称“天下四大聚”。

传说，唐代便出现了“佛山”这一名称。但元代之前，佛山并无基层行政建制，元代关于佛山的记载仅有“佛山渡”三个字。佛山因地理位置靠近广州，明清随着广州国际贸易中心地位的确立，才开始成为人烟稠密的聚落，并逐渐发展成为工商业巨镇。

明清佛山是一个典型的工商业城市，汇聚了天下各地商贾，以冶铁、陶瓷、丝织为主要产业。佛山冶铁业在明代迅速发展。宣德四年（1429年），佛山祖庙前已建有铸造炉房。嘉靖以后，佛山成为全国有名的铁锅、铁丝、铁钉生产基地。佛山望族冼氏、霍氏、李氏、陈氏等均涉足冶铁业。佛山铁器远销海内外，屈大均在《广东新语》中用“佛山之冶遍天下”形容冶铸业的繁盛。明正德年间烧制陶瓷的“南风古灶”，现为全国重点文物保护单位。天启年间，佛山石湾已有陶业8行，清代发展为20余行，素有“石湾瓦，甲天下”之誉。清代佛山丝织业分为18行，成为中国丝织业的中心之一。明清佛山还是中成药业的中心之一。

石湾公仔

清代随着广州成为世界性贸易口岸，与广州毗邻的佛山商业迅猛发展，乾隆《佛山忠义乡志》记载说“四方之

贾走赴如鹜”、“远近商贩肩摩踵接”。这些外来商人在佛山建立的地缘性和业缘性等工商会馆60多所，以业缘性会馆占绝对多数，而业缘性会馆中又以手工业会馆居上风，反映了佛山手工业生产的特色。从业缘性会馆分布看，商业会馆集中在南部的汾水、富文、大基和丰宁等铺，手工业会馆分布在中北部的潘涌、鹤园、福德、社亭、祖庙、栅下、山紫等铺，反映了佛山的商业中心和手工业中心已经走向分离。

明清佛山商人可分为铁商、陶商、布商、丝商、药商、米商、柴（木）商、（牙）行商、典当商、船商、盐商、珠宝商等12类。此外，还有颜料商、成衣商、线香商、烟草商、鞋袜商、铅商、铜商、糖商、果商等。清代乾嘉道时期，佛山工商店号在3000家以上。佛山与广州并称为“岭南两大中心市场”。广州作为外贸口岸，商品主要与对外贸易相联系，经营“北货”（外江货）；佛山则以国内市场的“内贸”为主，主要经营“广货”（南货），多为生产用品和生活用品。广、佛内外贸易功能互补，以此为中心形成了一个完整的岭南区域市场体系。

天子南库　广州十三行

广州十三行是粤商辉煌历史中绕不开的重要话题。明清时期，官设牙行负责贸易事务，康熙统一台湾后，设立江、浙、闽、粤四海关负责对外贸易。时广东巡抚李士桢在广州设立专门对外贸易的洋货行，最初由13家商人取得贸易特权，俗称“十三行”。后来无论行数多少，大家都习惯叫十三行，也叫公行、洋行、洋货行、外洋行。行址分布在广州

广州十三行商馆区

西关一带。清政府通过十三行征得巨额税收，广州也因此成为“天子南库”。《广州竹枝词》说：“洋船争出是官商，十字门开向二洋。五丝八丝广缎好，银钱堆满十三行。”

十三行商多由“殷实诚信之商”承充，他们致富后，会主动拿出银两向朝廷捐纳一官半职，人们又称行商为“某官”，如伍浩官、潘启官、卢茂官、梁经官等。因带有官商色彩，又被视为“红顶商人”。十三行著名行商有伍家怡和行、潘家同文行、卢家广利行等。又因和外国人做生意，他们都有一个英文名，如怡和行为EWO、商名为伍浩官HOWQUA，同文行为TUNGFOO、商名为潘启官PUANKHEQUA，广利行为KWONGLEI、商名为卢茂官MOWQUA等。

清代规定，所有外国商人到广州贸易，必须先到澳门报关，经批准后，在中国引水员引领下抵达广州黄埔港，用小船将货物运到商馆，然后再找自己合意的行商，由行商负责销售货物，其需要购置的回头货也由行商负责采购，外商只需在商馆内等候即可。清政府官员不直接同外商打交道，一切事由均通过行商向外商转达，并由行商监督执行。十三行商具有经营国内外贸易和经办外交事务的双重职能，实际上属于官商

“哥德堡”号：十三行时期瑞典著名远洋商船，曾三次远航广州，见证了广州贸易的繁荣

性质的商人团体。

十三行商人专揽茶丝及大宗贸易，将小宗货物委于公行以外的行商经营。行商每年都要为官府采办贡品和例进“常贡”银两，从乾隆年间开始，广东官府向皇帝进献大批昂贵的珠宝珍玩，如钟表、镶嵌挂屏、花瓶、珐琅器皿、雕牙器皿、玻璃镜、千里镜等，都“委托”行商采办，价值也由行商“赔垫”。

十三行商自主经营，但为了捍卫共同利益，他们又抱团发展。在康熙末年联合成立公行，选出公行首领，称“总商”。同文行潘振承第一个出任“总商”，也是任职时间最长的行商。行首既是荣誉，更有责任，费力、耗财又浪费时间，但往往出力不讨好。他死后，其子潘有度婉拒总商一职，其孙潘正亨则说：“宁为一只狗，不为洋商首。”

鸦片战争后，西方列强强迫清政府签订丧权辱国的《南京条约》，开放五口通商，广州十三行贸易特权被取消，十三行随之渐趋没落。

鮀岛崛起 汕头开埠

汕头，又称鮀岛，地处韩江、榕江、练江的出海口。明初还是小渔村，归澄海县管辖。汕头的崛起，与海洋贸易密切相关。康熙统一台湾后，实行开海政策，汕头海洋贸易兴盛，粤海关在汕头妈屿岛设常关子口，分属庵埠总口管辖，负责征收南北商运的常关税。

明中叶以后，韩江出海口的樟林古港已成为“海鲜盈市”的重要港口。清朝康雍乾时期，樟林港进入海洋贸易黄金期，从这里出发的红头船遍及东南亚各国。嘉庆以后，樟林港日渐淤塞而开始衰败。鸦片战争后，1853年汕头成立了潮州新关，又称常关。汕头的开埠意味着樟林古港地位彻底丧失。

第二次鸦片战争后，1858年6月，英、法、美等国强迫清政府增开潮州等十处为通商口岸。1860年1月1日，美国在潮州（汕头）开市，在汕头妈屿岛设潮海关，又称洋关，隶属海关总税务司署，标志着汕头正式开埠。自此，汕头出现了外国人操控的“洋关”和中国人管理的“常关”两个海关机构。

1865年，潮海关购买了汕头海坪铜山路头一带地皮建造新关址，9月13日迁入新址办公。1888年，澄海官府将外马路以南的海滩划给潮海关，由其在海滩填地，陆续建成办公楼（钟楼）、验货厂、宿舍等建筑。1921年7月21日，潮海关迁至钟楼办公。钟楼为钢筋混凝土结构两

1860年英国在汕头设立的领事署

层红砖洋楼，属欧式新古典建筑风格，其规模仅次于广州粤海关钟楼。

汕头开埠后，成为粤东的门户和海运贸易基地，开通了暹罗、新加坡、马来西亚、印尼、缅甸、澳大利亚、越南、柬埔寨以及香港、广州、上海、天津、青岛、大连、基隆等海上航线。潮商由此出发向海内外谋求发展，涌现了一批具有影响的商界名流。

1925年五卅运动爆发，汕头人民力争收回洋人控制的海关，收归海关监督公署。抗日战争爆发后，汕头海关落入日本人手中。1949年汕头解放，结束了潮汕海关为外籍税务司控制的历史。1950年，潮海关更名为“汕头海关”，掀开新的历史篇章。

引领工业化潮流　近代民族工业

鸦片战争后，中国也缓慢地向近代工业化方向迈进。早期出国的粤籍侨商回到祖国建立工厂，掀起民族工业发展的浪潮。一般认为，晚清南海商人陈启沅在家乡创立的继昌隆缫丝厂，标志着我国近代民族工业的诞生。这是中国首次采用机器缫丝，促使传统手工缫丝走向企业规模化、机械化。

1854年，陈启沅随在南洋经商的兄长陈启枢到越南堤岸，开设“怡昌荫号”丝绸杂货店，继而扩充经营米行、酱园及典当生意，成为当地富商。陈启沅想到家乡种桑养蚕兴盛，但缫丝方法落后，决心要振兴家乡丝织业。他在游历南洋各埠时，注意考察蒸汽锅炉及机械设备，于1872年回到家乡策划筹建缫丝厂。同治十二年（1873年），南海西樵简村汽笛长鸣，宣告中国近代第一家民族资本经营的继昌隆缫丝厂正式诞生。

陈启沅

继昌隆以半机械化缫丝，不仅效率大大提高，丝质细滑光洁，而且售价也得到提高，获利甚丰，于是引起了附近以传统旧法缫丝的业主的联合反对。陈启沅被迫于1881年将缫丝厂迁至澳门，更名为“复和隆”。数年后，又迁回简村，开设多间缫丝厂，命名为“世昌纶”缫丝厂，招女工数百人，全部使用机械化生产。他在广州开设昌栈丝庄，办理生丝出口业务。陈启沅开风气之先，终于引起原反对者们的仿效，短短数年间，南海、顺德、番禺等县相继涌现出数十间机械化缫丝厂。到19世纪末，广州及其附近一跃而成为当时民族资本缫丝业的中心。近代产业工人也随之诞生。陈启沅因此成为中国近代民族工商业的先驱者，在这场缫丝革命中开创了风气，引领了潮流。

佛山巧明火柴厂是我国民族资本创办的第一家火柴厂。光绪五年（1879年）由旅日华侨卫省轩在佛山创办，商标与日本的舞龙牌相同。起初是纯手工制造，后采用瑞士赤磷配置火药方法。之后，文明阁火柴局、隆起公司、义和公司等火柴厂陆续诞生。

徐润

徐润：今广东珠海人，中国近代早期民族工商业的创始人之一和杰出代表，是19世纪后期中国最大的茶叶出口商、最大的房地产商、最早的股份制企业创始人之一 。他开启了国人创办的第一家机器印刷厂——同文书局，他还是轮船招商局、仁和水险公司和开平煤矿的重要参与者，是当时上海滩首屈一指的大亨。

电灯开始进入中国，且由中国人自办电灯公司则从广州开始，开办者为旅美台山籍侨商黄秉常。1890年，广州电灯公司正式挂牌成立，资金来源主要是向侨商招股，主要设备从美国订购，聘用美国技师担任工程师。广州电灯公司先后在广州城内40条街道的一些店铺和公共场所安装700多盏电灯，但因电费昂贵，难以推广，1899年关门大吉。黄秉常开办了中国人自主经营的第一家民营电灯公司，开创了新风气。

水上巴士 近代广东造船业

广东是海洋大省，境内又河网密布，水路交错纵横，自古就与船舶结下不解之缘。秦汉时，广东已能造出诸如“楼船”的大型船只。

鸦片战争后，西方列强的机器轮船最早引起了粤商关注，他们萌发了“师夷长技以制夷”的想法。行商伍敦元购买美国舰船一只，潘绍光购买吕宋舰船一只，潘仕成则捐资仿照美国战船样式，制造战船五艘，花费10多万两银子。

被后人誉为广东近代制造业先驱和广东官立军火工业创始人的温子绍，顺德人，“精于机器，善于发明”。同治十二年（1873年），两广总督瑞麟在广州开办的广州机器局，成为广东第一家近代官办军事工厂，总办即为温子绍，主持机器局12年，仿造了多款新式枪炮，制作精良，使用灵便，“各省纷纷到粤购买”。温子绍参与制造内河轮船、炮艇共22艘，尤以“蚊子船”最著名。此船为浅水炮艇，能击穿铁甲炮艇，为当时海防利器，名为“海东雄”。

近代广州黄埔港

鸦片战争后，英国人柯拜于1845年在广州黄埔港开办了“柯拜船坞”，主要修造大型船舶。19世纪60年代，黄埔港有外商开办的船坞五六家，修船和造船一度繁荣。光绪初年，柯拜船坞迁往香港，搬不走的东西折价出让给广东官府，时任两广总督用此来扩充广州机器局，又附设西学堂，培养中国的技术人员。1885年两广总督张之洞利用广州机器局船坞，开设黄埔船局，建造炮艇。辛亥革命后，黄埔船局由广东省实业厅接管，改称黄埔船厂。

广东第一家民族资本创办的机器修造厂——陈联泰机器厂，于光绪八年（1882年）在广州宣告成立。其前身为南海人陈澹浦开设的手工作坊陈联泰号。19世纪90年代，该厂开始仿造蒸汽发动的小火轮，建造出第一艘内河蒸汽小轮，定名“江波”号。后又陆续建“江飞”“江电”“江明”“江元”“江苏”“江汉”等船，成为广东民办船舶企业最早建造蒸汽小轮船的工厂。在陈联泰的影响下，广东出现了不少民办造船厂。光绪二十六年（1900年）华商新增轮船七八十艘，大部分是广东制造。

可见，鸦片战争之后，广东在建造军事和民用船只方面，走在了全国的前列。

铁龙飞驶 近代广东铁路

近代广东的铁路建设主要由华侨投资。1903年，南洋侨商领袖张弼士电邀好友张煜南、张鸿南兄弟，回国商谈投资兴办铁路问题。张氏兄弟为印度尼西亚的华侨实业家和地方侨领，是中国近代史上第一条华侨资本经营商办铁路的创始人。

张氏兄弟，原籍梅县，年轻时到南洋谋生，投靠巨商张弼士。后自立门户，转到荷兰殖民者经略的苏门答腊棉兰地区发展。经10余年经营，成为棉兰地区华侨中的首富，也逐渐成为棉兰地区公认的华侨头面人物。

张煜南回国后，一次性向清廷捐纳10万两银子，获得光绪帝召见，授四品京堂的职衔。他邀请海内外友好、绅商聚会，共同协商制订潮汕铁路公司章程和筹组公司事宜，被推举为公司董事长。光绪二十九年（1903年）九月，张煜南等联名呈请清政府商部批准潮汕铁路立案。商部上奏强调“铁路由华商承办者，潮汕铁路实为嚆矢”，获光绪帝同意。潮汕铁路立案后，成立了潮汕铁路有限公司。张煜南聘请著名铁路工程专家詹天佑担任总工程师，主持修建工作。

潮汕铁路潮州车站

潮汕铁路于1903年开始筹备，1904年8月开工，1906年7月底竣工。南起汕头，北迄潮安，全长39千米。后来又加筑了意溪支线，共42千米。

与张氏兄弟相比，新宁铁路倡办人陈宜禧是美国华侨。1860年，16岁的陈宜禧到美国谋生，先在太平洋铁路当工人，因天资聪颖，勤奋好学，成了工程师得力助手。后到西雅图开杂货店，积累了一些资本，为日后回国修筑铁路奠定了基础。1904年，陈宜禧回国也向朝廷捐纳了一个三品盐运使的虚职。他计划修筑一条由新宁到江门的铁路，得到批准后，成立了新宁铁路股份有限公司，自任总经理兼筑路工程师。他又远涉美国招股，打出“不收洋股，不借洋款，不用洋工”的口号，激起了华侨的爱国热情，纷纷认股。

新宁铁路以台山县城为中心，南到斗山，西至白沙，北达江门北街，全长137千米。1906年破土动工，分三期完成，1920年全线建成。

新宁铁路宁阳铁路公司

粤汉铁路行车时刻表

新宁铁路沿线建造桥梁215座、涵洞236个，先后建成公益、北街两个码头和公益机器厂、牛湾船坞、宁城印刷厂等一批附属工程，并建工人子弟学校、铁路电话局等附属机构。1920年3月，新宁铁路通车，人们在台城车站为陈宜禧铸造了一座铜像。

除了省内铁路，广东的省际铁路也纷纷开工。其中由广州至武昌的粤汉铁路由詹天佑总理，1898年开工，1936年全线通车。除粤汉铁路外，还有广州到香港九龙的广九铁路、广州至三水的广三铁路、广州黄沙到粤北韶州的广韶铁路等，初步构建了广东铁路网。

广东铁路有民营也有官营，铁路建设推动了广东经济的腾飞。

金钱世界 近代广东金融业

明清广东受海外贸易影响，货币流通与全国市场不同，即外国货币在广东流通广泛。广东民间习惯把外国货币称为洋钱、番银、花边银。清代广东流通的外国货币主要以银圆为主，数量有几十种，择其要者有西班牙银圆、荷兰银圆、美利坚银圆、墨西哥银圆等。

近代中国的货币制度变革从广东开始。中国第一个近代机器造币厂于光绪十三年（1887年）在广东建立，用机器铸造制钱、银圆和铜圆，“均创始于粤省”，标志着中国长期使用银两这种计重货币的局面被打破。广东钱局于1887年动工兴建，铸币机器向英国订购，1890年开始用机器铸造钱币。广东铸造银圆后，各省纷纷效法，但以广东银圆质地最精良。

鸦片战争后，外商纷纷到广州、汕头等地开设银行，主要有英国的丽如、有利、汇丰、渣打、大英等银行，法国的法兰西银行，美国

1886年张之洞在广州创办的广东钱局，为中国最早生产机制银圆、铜钱的工厂

1929年初成立的广东中央银行

的万国宝通银行，德国的德华银行及日本的正金银行等。在这一环境影响下，1904年，广东省政府在广州濠畔街设广东官银钱局，发行大元银票流通。1909年又成立大清银行广州分行，在汕头、香港设分号。1923年孙中山在广州就任大元帅后，开始组建广东政府自有的国家银行。1924年8月15日，中央银行正式开业，由宋子文任行长，为中华民国“中央银行”之始。1927年南京设国民政府后，在上海增设中央银行。广州的中央银行于1929年3月改称广东中央银行，1932年1月又改称广东省银行。

清末民初，广州典当业进入全盛期。当时市区内典当铺多达400多间，市民有“当铺多过米铺”之说，民间戏称广州商业“第一行（洋行），第二当（当铺）”。民国以后，广州典当业虽萎缩，但据1931年国民政府对国内15个城市当铺的调查，广州仍有201家当铺，居各城市之首。广州现存规模最大、较完整的当铺是位于白云区的“平和大押”，建于1928年左右。

近代广东金融业的发展，激活了广东经济发展的动力，对整个中国近代金融业的发展也起到了推动作用。

享受型购物 侨资的西式经营

百货公司被公认为是开启中国现代百货行业的金钥匙，让中国人真正享受了现代化的购物设施与服务，也领略了全新的生活方式。百货公司中的先施、永安、大新等都是广东侨商先从香港起步，并逐步向国内投资的。

1922年广州大新公司竣工（今南方大厦的前身）

马应彪先在香港设立先施百货公司。1914年，他在广州长堤大马路建立分行——先施粤行，成为国内第一家现代百货公司，并附设东亚大酒店。接着又在广州十八甫和今中山五路开设先施粤行的分行，成为广州甚至华南最大的企业之一。马应彪因此被誉为“中国百货之父”。

商家以盈利为根本，马应彪的广州先施公司在公司顶楼开设天台游乐场，每晚7—12时表演节目，有电影、粤剧、杂技、魔术、舞蹈等，并在楼内设电梯，吸引顾客。为了扩大零售收入，先施印售大量面额不等的“通天礼券”，顾客可凭礼券的面额，采购自己所需商品。所谓“通天”，指可在上海、香港及广州等先施公司任意选购。先施还在售货场设“一元商品”专柜，把残次和积压的商品搭配成价值一元的商品包，任人选购。

民国初年，蔡昌的大新公司在香港起家后，也到广州寻求发展。1918年大新募集40万港元，在广州西堤开设大新公司，作为香港总公司的分店。后来，又在今中山五路设分店，谓之城内大新，即现在的新大新公司。而西堤的大新则称为城外大新。

1938年广州沦陷前夕，大新被洗劫一空，沦陷时又遭焚毁。1952年政府拨款重建为12层的南方大厦，1954年国庆复业，成为当时广州市的标志性建筑。

蔡昌的大新公司楼高9层，是20世纪20年代广州最高的建筑。1~7层是百货公司，8~9层及天台则建成了游乐场所，设4部电梯接载客人，一时成为城中新闻。“游公司”已经成了广州百姓时髦的口头语，也成为广州人接触时尚的重要途径之一。

永安公司进入广州发展较晚，1947年在下九路投资兴建了永安百货公司。永安的经营方式也有独特之处。郭乐亲自或派人出国考察商情，定期到全国各地调查市场动态。对新产品先试销或寄销，视销售情况才决定进货量。公司定期举行时装表演、摸彩等促销活动。每年都会举办大减价活动，薄利多销，吸引顾客。

广州的先施、大新、永安开创了内地经营现代百货商场的新风气。

美味佳肴 广东的饮食消费

粤菜在中华饮食文化中占据重要地位。广东人素来以敢吃闻名天下。

蛇通常是人类最恐惧的动物之一，但粤人却以蛇为美食。粤人食蛇历史悠久，最初以蛇入药，把蛇融入粤菜则从光绪年间的广州“蛇王

20世纪30年代的广州长堤商业区

满”吴满开始。光绪十一年（1885年），他在新基正中约即今文化公园一带开设蛇餐馆，为广州专门经营蛇店之始。

1938年，日军侵占广州，焚毁了蛇王满店铺。次年，吴满在浆栏路重新竖起“蛇王满”的招牌，蛇宴食谱更加多样化，生意再度兴隆。大三元、南园、北园等著名酒家争相效仿，仅浆栏路一带就有蛇王林、蛇王福、蛇王金等十多家蛇店。吃蛇在广州渐渐普及。

光绪十一年（1885年）广州第一家西餐馆——太平馆创立。创始人徐老高原在沙面旗昌洋行当厨师，学会了西菜烹调技术。他离开洋行后，在今广州北京南路太平沙开了一个专门煎牛扒的档口谋生。由于烹饪得法，吸引了中外商客，于是将档口迁入城内，命名为太平馆，成为专营西餐的餐馆。民国时期，又在广州、香港开设了多家太平馆分店。太平馆成为广州西餐业发展的一个历史见证。

创建于光绪年间的广州西关第十甫的陶陶居，是著名茶楼之一。据说，陶陶居招牌由维新领袖康有为题写。陶陶居最好的招牌是山水茶，除注重茶叶质量外，泡茶还要使用山泉水。光绪十五年（1889年），广州西关一间专营糕点美食的糕酥馆开业，使用莲子制作饼点馅料，独具一格，此即“莲香楼”。1910年，南海籍进士陈如岳在品尝莲蓉食品后，手书“莲香楼”牌匾。

广东饮食之所以名扬海内外，除精心选料和独特的制作工艺外，还少不了别有风味的调味品。在广东生产的众多调味品中，酱料调味品类的致美斋独占鳌头。嘉庆初年，位于广州城隍庙前的致美斋酱园已小有名气。清末，致美斋酱园已初具规模，拥有文德路前店铺后工场及光塔街工场、小市街分栈等场店。

造福民众 城市基础设施

从清末到民国，广东城市的基础设施建设包括交通、水电、园林等，均获得了发展。广东的交通建设可分为水运、铁路及马路。水运以广州、潮州、肇庆等为中心形成珠江水系航运网，以广州、江门、汕头为中心形成海上航线，这两条航线相互连接，形成广东颇具规模的轮船航运网络。铁路主要有潮汕、新宁、广韶和广九等铁路。

城市马路大规模修建从民国初开始，尤以广州为主。第一条市区马路是永汉路（今北京路），陆续修建的还有大德路、大南路、文明路、一德路等。1918年，这些路面由砂石路和泥土路被改造为混凝土路和沥青路。小区道路修建以沙面为最早，1915年东山龟岗住宅区也修建了一、二、三、四、五马路。还有横跨珠江南北的广州第一座大桥——海珠桥建成。

横跨珠江南北的广州第一座大桥——海珠桥于1929年12月动工，1933年2月建成通车，由美国马克敦公司承建，为三孔简支拱型下承钢桁架梁，中跨为开启式结构，方便大型轮船通过。1938年日军侵占广州，海珠桥被炸毁。

城市公共交通，也以广州为主，经历了人力手拉车、脚踏黄包车、马车、出租汽车及电车的发展轨迹。1919年，台山籍旅美华侨伍藉磐与伍学晃等发起成立广州电车公司，向市政府申请为期20年的行车专利权，主要用于大沙头火车站与太平南商业区的交通。他们从美国购进小

1933年春，建成后的海珠桥景象

汽车多辆，改装成电车，开了广州公共交通之先河。

在电力和供水方面，广州使用电力较早。20世纪初，广州出现了英商承办的电灯公司，后被官府赎回，1919年改为广州商办电力股份有限公司。在其他地市也陆续开始使用电力。汕头在自来水运用方面早于广州。

电讯和邮政事业也逐步发展起来。电讯从有线电报开始，在以广州和香港为中心的电报网络外，全省各地有线电报逐步建立；随后广东在全国范围内最早建立起无线电报和无线电台。新型邮政也开始在广东建立，管理机构是邮政管理局，其业务包括信物邮寄、挂号、保险信函、邮政汇兑等。

在园林绿化上，1912年孙中山提倡绿化广州，掀起城市植树造林的热潮。公园这一概念于20世纪初首次被引入中国，1918年广州政府开始规划公园建设。第一所公园于1920年在清代抚署故址开辟兴建，原称第一公园，1925年改称中央公园（今为人民公园）。至1934年，广州又修建了越秀公园、东山公园、河南公园、永汉公园、净慧公园、中山公园、白云公园、海珠公园等。在建设新公园时，也重修了南海梁园、东莞可园、番禺余荫园、顺德清晖园等历史名园。潮汕地区的揭阳南溪花园也建设起来。

20世纪20年代的广州东山公园

融汇东西

文化篇

文化是一个包容性广泛的词语。南粤文化自古以来陈陈相因，积淀深厚，辉煌灿烂，成为中华文化百花园中绚丽的一朵奇葩。南粤文化与海洋息息相关，早期的佛教、伊斯兰教和天主教均通过海洋进入南粤传播发展，与道教共同构建了南粤的宗教文化。宋代以后，儒家文化在南粤逐渐居于主流地位，“菊坡学派”被称为岭南历史上的第一个儒家学术流派。明代以后，陈白沙开创的江门学派，经其门徒湛若水的阐释，奠定了南粤学术在中国思想文化中的重要地位。清代经商逐利的粤商也积极参与南粤文化建设，丰富了南粤文化宝藏。与此同时，具有南粤特色的戏剧、诗歌、绘画等也各领风骚，异彩纷呈。近代以后，西方文化中的医院、学校、建筑、报刊等，也最先在南粤落地生根。呼吁强国、寻求救国的思想文化也从南粤传遍中国大地。

佛教西来 早期佛教在广东

佛教产生于印度，汉代通过陆、海两路传入中国。陆路由陆上丝绸之路传入洛阳，海路则经交州进入广州。西汉武帝开辟徐闻、合浦为海上丝绸之路始发港，与海外包括印度在内的商贸往来频繁。东汉牟融撰《理惑论》就记载有僧徒在交州的活动，著名高僧康僧会随父亲在交趾从事商贸活动，再由交趾北上传教。印度僧侣来华路线，“自发天竺，至于扶南，经诸海滨，爰及交广”。

佛教通过海路最先在交州，然后入广州，再由此进入内地。汉代番禺已成为南越国政治文化中心。汉代杨孚《异物志》记载广州人种植由罽宾国（汉朝时之西域国名）传入的郁金花以供佛。根据我国史书记载，西汉武帝时，罗马、天竺等均通过海路“遣使贡献”，交州、广州是海路进入中国内陆的必经路径。《旧唐书·地理志》说：“自汉武以来皆朝贡，必由交趾之道。”佛教通过日南传入中国，然后沿着海上丝绸之路的港口徐闻，再向东传入广州。

梁启超力挺佛教最先由海路传入中国，“佛教之来，非由陆而由海，其最初根据地不在京洛而在江淮。……（汉武帝）时以广东之徐闻、合浦为海行起点，……贾船转相送致。自尔以来，天竺、大秦贡献，皆遵海道”，强调了徐闻、合浦在佛教由海路传入中国过程中的地位。他还说，印度佛教南北宗传入我国，“海通传南，陆通传北。而南宗之来，且视北为早焉”。即佛教传入中国，海路为先。

胡适也“深信佛教之来，不止陆路一条路，更重要的是海道，交州在后汉晚年已是佛教区域，所以佛教大概先由海道来，由交广到长江流域及东海滨，先流行于南方”。

光孝寺

与此同时，中国僧人西行求法，也多经广州、徐闻等由海路前行。南朝梁释慧皎撰《高僧传》，记载在江南弘法的于法兰赴西域求“大法”，最终“至交州遇疾”而圆寂。

东吴以来，广州成为佛教僧侣活动的大本营，光孝寺成为佛经翻译的重要场所。三国吴五凤二年（255年），西域人支畺梁接在广州翻译《法华三昧经》。自此以后，广州遂成为众多外来佛教僧侣驻锡传教译经的重要场所，广州因此被称为“滨海法窟”。

南朝梁时，禅宗初祖菩提达摩抵达广州，留下“西来初地”和“西来庵”（今华林寺）遗迹，被尊奉为禅宗始祖。达摩又从广州出发至嵩山少林寺。到了唐代，惠能开创的南派禅宗，对佛教的中国化起到了巨大作用。

因此，佛教从海路传入中国，广东的徐闻、广州是最重要的节点。

韶关南华寺“曹溪圣地”牌坊

南海蓬莱 罗浮山道教

道教是我国土生土长的宗教，博罗县罗浮山就名列道教名山之列。博罗建县于秦朝，属南海郡辖。传说罗浮山由罗山和浮山组成，罗山位于南海，浮山位于东海，与蓬莱仙山相连，后由海上漂流到罗山旁，合称罗浮山，故有“南海蓬莱”之说。

罗浮山被道教视为洞天福地，号称“百粤群山之祖”，自秦汉以来，就成为道教徒修行圣地。道教产生于汉代，魏晋南北朝时兴盛。道教有两大派：一以符箓治病救人的符箓派，一以追求长生的丹鼎派。罗浮山道教则兼而有之，以丹鼎派为主，汉代朱灵芝在罗浮山建朱子庵和朱真人朝斗坛，成为最早开辟罗浮山之人。

葛洪在罗浮山炼丹处

而真正使罗浮山名扬天下者为东晋葛洪，字稚川，号抱朴子，今江苏句容人。葛洪叔祖父葛玄师从丹鼎派左慈为师，葛玄传郑隐，郑隐传葛洪。他们都精于炼丹。西晋时，葛洪应广州刺史嵇含邀请为参军，在广州多年，师事南海太守鲍靓，继修道术，深得鲍靓器重，其以女儿鲍姑许配之。后返回家乡，隐居深山继续修炼。东晋咸和二年（327年），葛洪听闻交趾产丹砂，请求出任勾漏（今广西北流市）令。获准南下，途经广州，与刺史邓岳会晤，邓岳极力向他推荐罗浮山，他遂决定隐居罗浮山。葛洪在罗浮山著述颇丰，代表作为《抱朴子》。他在罗浮山朱明洞旁建四座道观，分别是南庵都虚观（今冲虚古观）、北庵酥醪观、东庵九天观和西庵黄龙观。葛洪也是一名医家，他的《肘后备急方》是世界上最早记载天花的著作。

葛洪妻鲍姑，名潜光，上党（今山西长治）人，自小受父亲鲍靓影响，醉心道教，在广东四处采药行医。嫁给葛洪后，夫妇共同研究炼丹术，成为葛洪得力助手。鲍姑医术高明，尤以针灸著称，葛洪的医学知识多受鲍姑影响。相传葛洪夫妇在南海西樵山和广州越岗院研究炼丹术和医学，常行医于百姓间。越岗院建于东晋初，是鲍姑修道行医之所，明代改称三元宫。至今仍为岭南著名道教宫观，现为广州市道教协会所在地。

唐代罗浮山道教兴盛，传说生于增城的何仙姑，在武则天时服用云母粉修炼，常往返罗浮山修道。唐玄宗天宝九年（750年），在罗浮山麻姑坛羽化登仙，后列八仙之一。

宋代道教金丹派五祖白玉蟾及其弟子常隐居罗浮山。宋代广州建五仙观，作为道教的重要宫观。

真主保佑 怀圣寺与广州蕃坊

至少自汉代开始，罗马、大食、波斯等已通过海上丝绸之路，与广州开展海洋贸易。

东吴时，广州城市大获发展，外国商旅通过海洋到广州定居的人数不断增多。唐高祖武德年间，伊斯兰教创始人穆罕默德派门徒来华传教，即有从海路到达广州者。贞观元年（627年），阿布·宛葛素和侨居在广州的

阿拉伯人捐资修建清真寺，为纪念伊斯兰教创始人穆罕默德，取名“怀圣寺”，又因寺内有一光身柱形塔，又称光塔寺。相传早期在广州传播伊斯兰教的阿布·宛葛素逝世后，被教徒营葬在桂花岗。今墓犹存。

怀圣寺，又名狮子寺，俗称光塔寺，整体建筑为典型的阿拉伯建筑风格，是我国现存最古老的清真寺，位于广州越秀区光塔路56号，1996年被列为第四批全国重点文物保护单位。寺内礼拜殿坐西朝东，以便礼拜时面向圣地麦加。怀圣寺于元至正三年（1343年）被焚。现存建筑为清康熙三十四年（1695年）重建。

光塔正式名称为“怀圣塔”，因教徒在诵经时，常在塔顶用阿拉伯语呼“邦卡”，也称“邦卡楼”。粤语“邦”与“光”谐音，又因塔位于珠江边，唐代于夜晚在塔顶悬灯，为来往船只导航，故称“光塔”。现为广州市伊斯兰教协会所在地。

从汉代开始，广州就是海上交通和对外贸易的重要枢纽，外国商民不断进入广州侨居。唐代侨居广州的外国人尤以信仰伊斯兰教的阿拉伯人和波斯人最多。据9世纪阿拉伯人所著《中国见闻录》记载，唐末广州的阿拉伯商人及其后裔有10万以上，他们被官府指定聚居在城西，所居地称“蕃坊”，是中国最早的外侨生活区和商业区。由侨民选出蕃长或蕃酋，经过唐朝政府的许可，作为首领加以管理。他们在广州购买

始建于唐朝的伊斯兰清真寺——广州怀圣寺

田宅，置办土地，与汉人杂居通婚，改从汉姓，学习中文。宋代继续在广州、泉州等地设置蕃坊，专供外商、外侨居住，饮食服用如其俗，设蕃长管理。到了元朝终于在中国形成了回民，即回族。

西学东渐 天主教在广东

天主教在明代中后期由海路传入广东，由此开启了西学东渐的历程，加速了中西文化间的交流。

耶稣会创始人之一圣方济各·沙勿略最早来东方传教，先后在马六甲、日本等地传教。嘉靖三十一年（1552年），抵达广东新宁县上川岛，希望能进入广州传教，但未获成功即病逝。次年，葡萄牙人租居澳门成功，澳门成为传教士活动的重要阵地。不久，澳门兴建了第一座天主教堂——圣德望堂。1578年，范礼安抵澳门，主张传教应结合中国文化进行。从1580年起，罗明坚先后三次来广州游说传教，但不了了之。直至万历十年（1582年），第四次赴肇庆与两广总督陈瑞会面，获准在肇庆居留和传教。1583年，利玛窦抵肇庆。1589年，广东新任总督把传教士驱出肇庆，利玛窦转往粤北韶关继续传教。

利玛窦等传教士通过介绍西方历法、地理、数学等自然科学知识，加强与士大夫阶层间的交往。他制作并印行《山海舆地全图》，向中国人介绍“世界五大洲”以及子午线、经纬度等地理学知识。与徐光启合作将欧几里得《几何原本》翻译成中文，介绍数学的几何学知识。此外，利玛窦将自鸣钟传入中国，改变了中国计时方式。他们还将望远镜、三棱镜等光学仪器传入中国。利玛窦也致力于将中国文化推荐给西方，将《大学》《中庸》《论语》《孟子》等书翻译为拉丁文。

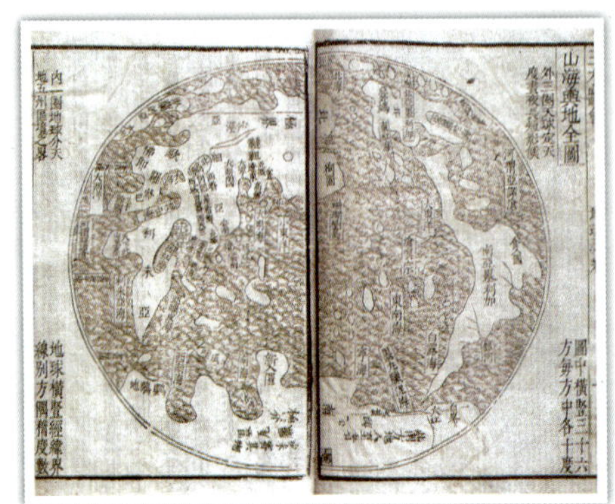

明万历年间刊刻的《山海舆地全图》

鸦片战争之后，列强通过一系列不平等条约，获得在中国自由传教及建立教堂的权利。传教士在广东的活动主要集中在兴办医院、教堂、教会学校等方面，加快了西医传入中国的步伐。乾隆、嘉庆年间，西方种牛痘术通过传教士传入广东。道光年间，美国传教士伯驾在广州建新豆栏医局，培养中国人学习西医。之后，西医院不断在广东各地出现。同时，传教士在澳门、香港、广州等地建立教会学校。教堂也在广东各地建立，同治二年（1863年）在广州建立的圣心大教堂，具有明显的哥特式风格，为全国重点文物保护单位。

鸦片战争以后，随着传教士势力不断深入，广东在救亡图存的爱国热潮下，教案频发。道光二十七年（1847年），位于广州南关的东石角教堂被广州人民捣毁。光绪三十一年（1905年），粤北发生规模最大的连州教案。

明代由传教士传入的西方科学文化，从广东渐渐传到全国。而传教士在广东地区的活动，显示南粤具有明显的中西文化包容特色。

广州圣心大教堂

岭南学术 江门学派

岭南学术源远流长。东汉时，番禺人杨孚著《异物志》，是岭南最早的学术著作；广信人陈钦著《陈氏春秋》，其子陈元著《左氏同异》，父子两人是岭南最早的经学家，清初屈大均称他们为“粤人文之大宗”。两晋时，番禺人王范著《交广春秋》，是岭南历史上第一部地方志书。唐宋时，一方面岭南出现了张九龄、余靖、崔与之等著名学者，其中崔与之不仅被尊为“粤词之祖”，而且其开创的“菊坡学派”也对后世产生重要影响；另一方面韩愈、苏轼等一批谪官在岭南授徒办学，也给广东学术注入了新活力。

然而，将岭南学术发扬光大并自成体系的则首推江门学派创始人陈献章。

陈献章，于明宣宗宣德三年（1428年）出生在新会都会村，字公甫，号石斋，是广东唯一一位从祀孔庙的硕儒。后迁居江门白沙村，世称白沙先生，称其学派为江门学派。20岁中举，后两次会试落第，遂返回白沙村，筑阳春台专心读书授徒，倡导“天地我立，万化我出，而宇宙在我”的心学观，主张学贵知疑、独立思考，强调“心”的重要性，提出“为学须从静坐中养出端倪”的方法，即在静坐中阅读，才能掌握正确的认知方法。白沙心学的出现，标志着明代心学思潮的开始，突破了程朱理学在明初占据主导的局面，与后起的王阳明（守仁）心学，共同构成了明代心学的主要内容。《明史·儒林传》说：“学术之分，

陈白沙“茅龙”书法

则自陈献章、王守仁始。”他的著作被汇编为《白沙子全集》。

陈白沙的弟子湛若水将江门学派扩散传播。湛若水，字元明，号甘泉，增城人，累官至南京礼部、吏部、兵部尚书，人称“甘泉先生”。27岁中举，29岁师从陈献章，潜心研究心性理学，成为白沙学说的衣钵传人。弘治十八年（1505年）中进士，选翰林院庶吉士，寻授翰林院编修，步入仕途，遂在中原宣扬江门学派。对陈献章主静学说加以发展，提出“随处体认天理”的宗旨，“随处”解决了陈白沙主“静”勿“动”的弊病。他的学说与王阳明心学，时称为“王湛之学”。因湛若水学说影响深远，故有“甘泉学派”之称。著《湛甘泉集》。

明代陈献章开创的江门学派和其门徒湛若水开创的甘泉学派，反映了南粤儒学发展的特色，在中国思想文化发展史上具有重要的地位。

贾而好儒 粤商投资文化

自明代粤商崛起以来，粤商不仅搏击商海，而且在致富后还投资文化事业，展示了粤商亦商亦儒的社会形象。文化的发展与传播离不开一定的载体，书籍无疑是中国传统社会传承文化的最好载体之一。粤商倾巨资收集和刊刻书籍，造福千秋万代，功德无量。

潘仕成斥巨资建海山仙馆，开工于道光九年（1829年），所用石材多为肇庆端石，同治五年（1866年）停工，历时37年，本身就是广东文化建设一大盛事。海山仙馆收藏的金石、碑刻、古帖、古籍及时人墨宝之多，被誉为“南粤之冠”。潘仕成不惜重金，将园中石刻1000多通全部拓存，汇编成《海山仙馆丛帖》60余卷，计70多册，包括《藏真》初刻、续刻、三刻、四刻和《尺素遗芬》等。

潘仕成不但刻石，而且还刊刻书籍。当时参观过海山仙馆的美国商人亨特在《旧中国杂记》中说，海山仙馆大门外不远处有一印刷所，潘仕成从收藏中精选“足资身心学问”和坊间无流传的孤本、善本，聘请当时广东学人谭莹帮助料理，翻刻了《佩文韵府》140卷、《拾遗》20卷，刊刻《海山仙馆丛书》475卷，共56种，又选刻《经验良方》10卷等，囊括了经史子集四大传统书目。此外，《海山仙馆丛书》还极力搜寻汉译西方书籍加以编印，如《几何原本》《外国地理备考》《火攻挈要》等。

而南粤商贾刊刻书籍，首屈一指当推伍崇曜。他作为怡和行的老板，富可敌国。他还是著名藏书家，致力于搜书、藏书、刻书，建立粤雅堂作藏书楼。

伍崇曜特别重视广东文献整理，道光十一年（1831年）开始刊刻《岭南遗书》62种343卷、《粤十三家集》182卷、《楚庭耆旧遗诗》74卷。他长期不懈刊刻书籍，终于完成《粤雅堂丛书》，凡200余种，1200多卷，对古籍保存与流传做出了巨大贡献。

伍崇曜、潘仕成等粤商本着“天下莫秽于聚财，莫雅于聚书”的理念，积极投资文化建设，造福士人，功德无量。光绪《广州府志》称赞说：《粤雅堂丛书》与《海山仙馆丛书》“并为艺林所重。自此广州学者不出门，而坐拥百城矣”。

同文行潘家第二代潘有为在乾隆三十七年（1772年）中进士，成为钦点内阁中书，在京城参加《四库全书》的编校，返粤后潜心著述。他善书画，精金石，醉心于搜罗古钱、古印、书画、彝鼎等珍藏，并建“看篆楼”，首开清代羊城鉴藏文物珍品之风，被誉为“岭南鉴藏家之魁首”。嘉庆年间，他将藏品分门别类，刊刻了《看篆楼古铜印谱》《汲古斋印谱》《古泉目录》。此外，尚有《南雪巢诗抄》问世。

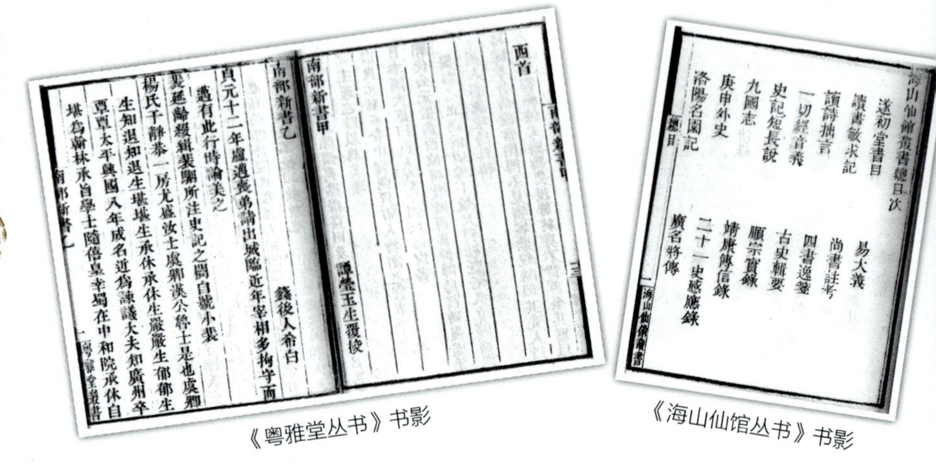

南部新書乙
錢易後人希白
貞元十二年盧邁義弟請出城臨近年宰相多拘守而
邁有此行時論美之
裴延齡纂集裴駰所注史記之闕自號小裴
楊氏子靜恭一房尤盛致士虞卿漢公魯士是也虞卿
生知退知退生堪堪生承休承休生嚴嚴生鄴鄴生
覃覃太平興國八年成名近爲諫議大夫知廣州卒
堪爲翰林承旨學士隨僖皇幸蜀在中和院承休自
南部新書乙
粵雅堂叢書

南部新書甲
西首
譚瑩玉生覆校

《粤雅堂丛书》书影

海山仙館叢書總目次
遂初堂書目 易大義
讀書敏求記 尚書註考
讀詩拙言 四書逸箋
一切經音義 古史輯要
史記短長說 順宗實錄
九國志 靖康傳信錄
庚申外史 二十一史感應錄
洛陽名園記 廣名將傳
總目
海山仙館叢書

《海山仙馆丛书》书影

同文行第三代掌门人潘正炜醉心藏书与文物收藏，专门在居住处建有一个颇有诗意的“听帆楼”，用于存放藏书，“贮书极宏富”，刊刻《听帆楼诗抄》等。他还著《听帆楼书画记》正续编七卷、《听帆楼法帖》六卷、《听帆楼古铜印谱》四卷。

南国红豆 广东戏剧与音乐

粤人好歌，最早由民间“粤讴”不断发展，出现了山歌、秧歌、采茶歌、木鱼歌、咸水歌等。广东戏剧剧种颇多，可分为粤剧、潮剧、汉剧、粤北采茶戏、客家山歌剧等。其中粤剧、潮剧、汉剧并称广东三大剧种。

粤剧历史悠久，南汉时宫中就设东西教坊，供伶人训练与演出。北宋末，南戏逐渐传入广东，明代中叶，昆山腔、弋阳腔也由“外江班”传入广东，粤剧开始萌芽。明末以后，粤剧戏班活跃于广府人地区，尤以珠三角地区的“广府班”及“过山班”为主，以酬神演戏为主，如每逢南海神庙波罗诞，总会聘请名伶演戏酬神。道光年间，广州逐渐出现庆春园、庆丰园、听春园等戏院。

粤剧梨园子弟在清代还有自己的联谊场所，如佛山的琼花会馆。咸丰年间，因李文茂领导红船子弟（因梨园子弟在漆成朱红色的戏船上生活并演出而得名）参加洪兵起义，清廷下令禁演粤剧。光绪年间，粤剧子弟又在广州创建八和会馆，作为行业组织，著名的粤剧名角薛觉先、马师曾等均为会馆成员。粤剧逐渐复兴，有“南国红豆”之称。

潮剧，又称潮腔、潮调、潮音戏，以南戏与潮汕文化相结合形成的地方剧种，大约在明代中叶才形成独特的唱腔和完整的表演形式。主要在潮汕地区用潮州话演出，有“南国奇葩”的美誉。

汉剧是糅合徽戏并用中原官话演唱的剧种，大约形成于清代前期徽戏进入广东之后，旧称“乱弹”“外江

潮剧《晋宫风云》

粤剧《钟馗上路》

广东汉剧《百里奚认妻》

戏”“兴梅汉戏”，1933年改称汉剧，并沿用至今。流行于客家地区，有“南国牡丹”之称。

冼星海

广东的三大剧种，伴随着华侨出洋，也在海外受到欢迎。现均入选国家非物质文化遗产代表性项目名录。

广东音乐由来已久，粤讴、木鱼歌等均是早期表现形态，以琵琶、筝、二弦、唢呐演奏为主。近代以来，随着西洋乐器和丝竹乐器的传入，广东音乐吸收融入，得到了进一步发展。广东音乐人才辈出，明代香山黄佐精通音律理论，明末清初南海陈子升精于古琴，清代番禺陈澧专于音韵琴谱，近代番禺“琵琶大王”何博众创作的《雨打芭蕉》《十面埋伏》，近现代香山吕文成创作的《平湖秋月》《步步高》，有“人民音乐家”之称的番禺冼星海创作的《黄河大合唱》等，代表着广东音乐发展的高峰，至今仍受世人喜爱。

群星璀璨 广东诗坛

广东自唐代至近代，诗坛群星璀璨，在中国诗界占有重要地位。被誉为岭南诗坛第一人、“岭南诗祖”的张九龄诗文俱佳、才华横溢，以诗歌成就最高。他在《望月怀远》中的“海上生明月，天涯共此时”，唱绝千古，对唐代以后岭南诗派的形成和发展起到了启迪作用，对宋代余靖、崔与之、李昴英及之后广东诗人的创作都产生了影响，逐步形成岭南诗派。

明代广东诗人结社唱和，十分活跃。元末明初孙蕡、王佐、赵介、李德、黄哲五人在广州城南南园，结成抗风轩诗社，世称“南园五子”或“南园五先生”，以孙蕡成就最著，号称“岭南诗宗”。南园五先生与以高启为首的“吴中四杰”、林鸿为首的“闽十子”，开明朝风雅之诗风。这期间，陈献章、湛若水及“粤中昌黎”黄佐等也享誉诗界。明嘉靖年间，黄佐弟子欧大任、梁有誉、黎民表、吴旦、李时行等重结诗社于南园抗风轩，后人为区别前后两次南园诗社，将前者称“南园前五子”“南园前五先生”，后者称“南园后五子”“南园后五先生”。后五先生以梁有誉名声最大、影响最广，学者称他为兰汀先生。他在北京期间，与诗人李攀龙、王世贞、谢榛、宗臣、徐中行、吴国伦共结诗社，史称“后七子”，继承以李梦阳为首的“前七子”复古主张。万历年间，高明县区大相诗作“力祛浮靡，还之风雅”，被清初屈大均称为“明三百年岭南诗之美者，海目(区大相)为最”。明末崛起于诗坛的番禺黎遂球、顺德陈邦彦、南海邝露，被称为“岭南前三家”，尤以邝露最为杰出。

清代广东诗坛空前鼎盛，广东诗歌进入成熟期。清初有屈大均、陈恭尹、梁佩兰“岭南三大家”。他们都是由明入清的遗民，诗歌风格以写实为主，描述改朝换代之际百姓疾苦，有《岭南三大家诗选》传世。而陈恭尹、梁佩兰又与程可则、王邦畿、方殿元、方还、方朝并称诗坛“岭南七子”。其中程可则还与清初杰出诗人王士祯等并称“海内八家”，可见其在岭外之影响。乾隆、嘉庆年间，顺德黎简、张如芝、谢兰生、罗天池并称“粤东四大家”。

张维屏

嘉庆、道光年间，番禺张维屏、香山黄培芳、阳春谭敬昭，又因诗名而并列“粤东

三子”。晚清以来，维新派诗人黄遵宪、康有为、梁启超、丘逢甲等倡导“诗界革命”，要求诗歌创作努力反映新时代和新思想，语言趋于通俗。

学术基地 学海堂

学海堂是清代道光年间最著名的书院，由著名学者、两广总督阮元于嘉庆末在广州创建，道光四年（1824年）迁建于广州城北越秀山麓，以经史训诂为办学宗旨，为清代岭南高等学府。与嘉庆年间阮元在浙江杭州创办的“诂经精舍”，并称为“清代考据学派的最高学府”。

学海堂创办人阮元

阮元在当时集封疆大吏与学术巨子于一身，被学者视为泰斗。他提倡治学“崇尚汉学，实事求是”，主张通过训诂来探求圣贤之道。

道光六年（1826年），阮元颁布《学海堂章程》，确立学长制、季课制和刊刻制，学海堂成为当时广东文化学术中心。学海堂不设山长制，实行由吴兰修等8人组成的学长制，共同负责书院事务，包括出题评卷和筹拨经费等。季课制，即按季节考试，每年四课，由学长出经题文笔、古今诗题，限日截卷，评定甲乙等级，根据优劣分给膏火，优秀课卷入选《学海堂全集》。刊刻制，学海堂自行刊刻经籍，包括前人著述及书院师生著述，前者汇辑刊刻为《学海堂经解》，后者则为《学海堂全集》等。学海堂有文澜阁、启秀山房，因此刻书又称为文澜阁本或启秀山房本，开启了广东大规模刻书的风气。

学海堂教学方式灵活多样，每年在传统节庆日或书院规定的节日都会举办各种聚会，师生以此交流学习心得。这与当时以传授理学为主的其他书院风格迥异。为了增强学生学术研究的系统性，学海堂还实行专课肄业生制度，即从平日参加季课的学生中根据品行、志向和学习成绩挑选生员，每届招生10~20名，由8位学长共同推荐录取。后来担任菊坡精舍院长的陈澧就是学海堂首届肄业生。

梁廷枏，曾任澄海县教谕，学海堂学长，越华、粤秀书院监院及两广总督林则徐幕僚，以献策抵御外侮获内阁中书衔。精研史学，兼擅诗文戏曲

学海堂在第二次鸦片战争中毁于英法联军炮火，被迫停办。同治元年（1862年）始行修复，至光绪二十三年（1897年）停办，为广东培养了如陈澧、桂文灿、朱次琦、梁启超、汪兆墉、廖廷相、谭莹、梁廷枏、黄培芳、张维屏等著名学者。

学海堂开创了广东朴学中崇尚经史词章、重考证和训诂的新风气，创新性地将西方自然科学列为书院教学内容，聚集和培养了一大批人才，对当时并存的端溪、粤秀、越华、羊城等书院产生了积极影响，对中国学术文化贡献巨大。

从书院到大学堂 张之洞与广雅书院

张之洞，河北南皮人，晚清洋务派领袖之一，主张教育救国。每到一处任职，皆兴建书院学堂，培养经世人才，如成都的尊经书院，湖北的矿务、自强、武备、农务、师范等学堂及两湖书院，南京的三江师范学堂。

光绪十三年（1887年），时任两广总督的张之洞决定在广州创办广雅书院和广东水陆师学堂。其中广雅书院于次年建成，与湖北自强学堂和两湖书院及上海南洋公学并称当时中国四大书院。广雅书院承学海堂之余绪，“广雅”，取“广者大也”“雅者正也”之意。书院礼堂对联“虽富贵不易其心，虽贫贱不移其行；以通经学古为本，以救世行道为贤”，体现出书院办学宗旨。

广雅书院学生来源于督抚调集两广才志出众的诸生，每省100名。学科设立参照学海堂，以经史为主，注重实学，废除章句课试，设立经学、史学、理学、经济四科，掌故、历算也被列入课程，允许学生根据兴趣选择课程，教学内容新旧学兼及，东西学兼顾，目标均以实用为归。同时重视西学，讲授化学、光学及西医、铁路、农业机械等现代科学知识。广雅书院初步具备了现代学校的雏形。

广雅书院

作为广雅书院藏书楼的冠冕楼，藏书量为当时广东书院之最，其收藏的书籍包括西学及时务书籍。广雅书院首任院长为梁鼎芬，继任者有朱一新、廖廷相、邓蓉镜等学者。

光绪二十三年（1897年），清廷废八股。次年广雅增设西学堂。光绪二十八年（1902年），广雅书院改为两广大学堂，学制3年，中西学并行。1903年，又改为两广高等学堂，先设预科，分文理科，完成了书院向新式学堂的转变，开近代教育先河。1906年，改为广东高等学堂，罢招广西学员。1911年附设中学，次年改为广东省立第一中学，后改为广雅中学，至今未变。被誉为“近现代中国教育活的见证”。

广雅书院成为清末广东学术文化中心，成为书院向学堂过渡的成功典范，也成为张之洞“中学为体，西学为用”理论具体实施的张本。

妙手丹青 岭南画派

岭南画派，又称广东新画派，由广东籍画家组成。发端于晚清，形成于清末民初，注重以岭南特有景色为题材，注重写实，融汇中西绘画之长，创作出具有时代精神和地方特色的现代绘画风格。

岭南绘画自古以来就享有盛誉，珠海宝镜湾的摩崖石刻画，构图已很复杂。经唐宋至明清，广东绘画个性鲜明，技法独特，明清出现了东莞张穆、新会高俨、南海关作霖、顺德苏仁山等绘画大师，逐渐形成自己特色。张穆擅画马，高俨擅画山水，关作霖是乾隆、嘉庆时期外销画大师，苏仁山擅画人物、山水。

晚清以后，西洋画法传入中国，岭南画家首开中西结合之风。油

岭南画派祖师居廉

画和版画即由岭南画家推广开来，岭南画派独步天下。吴荣光、苏六朋、郑绩、李魁等代表人物是岭南画派的早期革新者，为岭南画坛走向繁荣奠定了基础。清末民初，以居巢、居廉兄弟为代表，擅长花鸟虫草画，重视实物写生，开岭南画派之先河。他们广收门徒，后来被称为“岭南三杰”的高剑父、高奇峰、陈树人，即出其门下，他们均为番禺人。

高剑父，岭南画派奠基人。早年就读于广东水陆师学堂、岭南学堂，师从居廉，临摹名画，奠定国画基础。后赴日本留学，归国后在广州创办春睡画院、南中美术院。擅画山水、花鸟、走兽，亦作人物画，兼长书法。早期作品有《弱肉强食》《秋风》《东战场的烈焰》等。其作品多被各大博物馆、美术馆收藏。

高剑父作品

高奇峰，岭南画派创始人之一，以翎毛、走兽、花卉为主，善用色彩和水墨渲染，画风工整而刚劲、真实。曾创办审美画馆。

陈树人，岭南画派创始人之一。先师从居廉，后留学日本，追随孙中山革命，曾担任《广东日报》《有所谓报》《时事画报》主笔，宣传革命。画风清新、空灵，独树一帜。

岭南画派致力于革新中国画，强调折中中西，融合古今，给岭南文化注入了活力，与京派、海派三足鼎立，是“现代中国画”的代表画派。

中西合璧 南粤建筑文化

广东地处中西文化交流碰撞的前沿，建筑文化也汇聚古今中外的优长。晚清时期，在夏威夷经商的陈芳回国后，在珠海花了6年才建起了岭南风格与夏威夷风格合璧的梅溪陈家大宅。这座中西合璧的私人庭园式建筑，现已被列为全国重点文物保护单位。

大买办徐润在上海发财后，开始在家乡珠海营建竹石山房，又称愚园，由曾策划建设过澳门卢廉若花园的刘吉六负责兴建，整个园林以仿苏州古典园林风格而建。愚园中央为苏州园林式的假山群，奇嶂异洞，巉岩嶙峋，至今风貌犹存。

广州中山七路的陈家祠，又称陈氏书院，建于光绪十四年（1888年），落成于1894年，是广东各地陈氏宗族共同捐资兴建的“合族祠”，是广东现存祠堂中最富有岭南特色的艺术建筑群。整个建筑布局严整，装饰精巧，富丽堂皇，集岭南历代建筑艺术之大成。1988年被列

陈家祠

广州骑楼

为全国重点文物保护单位。现为广东民间工艺博物馆所在地。

骑楼出现于清末民初，是中西结合的岭南建筑代表。骑楼是一种典型的外廊式建筑设计，通常将一楼临街部分建成行人走廊，上为二楼楼层，犹如二楼“骑”在一楼上，故称“骑楼”。楼下作商铺，楼上住人。建筑风格有南洋式、仿哥特式、古罗马式、仿巴洛克式等。骑楼在岭南分布较广，构成岭南建筑一道亮丽的风景线。

开平碉楼

开平碉楼散布于乡村田野中，是近代江门华侨华人用在海外积累的资金，回到家乡修建的中西结合的建筑，具有典型的西方建筑风格，现存1800座左右。碉楼是集防卫、居住和中西建筑艺术于一体的多层塔楼式钢筋水泥建筑，最高七层，最低三层，汇集了不同时期的西方建筑风格。开平碉楼为全国重点文物保护单位。2007年“开平碉楼与村落”正式列入世界文化遗产名录。

西关大屋位于明清广州著名商业区城外西关，多为官僚巨贾所建。而位于西关不远的沙面租界建筑，多为19世纪末建造，属典型的西方风格，是广州最具异国情调的欧洲建筑群。1996年国务院公布为全国重点文物保护单位。

骑楼、岭南园林、开平碉楼等是广东近现代建筑艺术史上的瑰宝，是中西方文化交流碰撞的结果，为中国近现代建筑史留下了浓墨重彩的一笔。

心系国家 《盛世危言》

鸦片战争以后，西方列强肆意瓜分中国的步伐不断提速，粤商中的有识之士在亡国的危机中，开始思考中国的未来。郑观应和他的《盛世危言》就是其中的代表。《盛世危言》是一部事关中国国运兴衰的救世良言。曾国藩、康有为、孙中山、毛泽东等都阅读过这部巨著，从中吸取了有益的养分。

香山人郑观应是一个地道的大商人、大买办。他于咸丰八年（1858年）放弃科举考试，到上海学商，先后在宝顺洋行、太古轮船公司担任买办。光绪六年（1880年）以后，先后出任上海机器织布局、轮船招商局、上海电报局、汉阳铁厂、粤汉铁路公司总办，是一位久经商海的老将。

郑观应

鸦片战争以后，中国历次与西方国家较量，都以失败告终。他出于拯救民族国家的情怀，用《盛世危言》这本巨著来阐述自己“富强救国”的梦想。

1885年郑观应开始隐居澳门，结合自己在商海的浮沉起落，开始重新思考国家和民族的未来，将自己早年撰写的《易言》重新扩充，著成

《盛世危言》，明确提出学习西方法律，设议院，实行君主立宪制度。该书出版后，轰动整个社会，被多次重印。该书对康梁维新派和革命派具有承上启下的作用。

郑观应较多接触西方的经济理论和管理模式，根据中国国情，提出了著名的“商战”论，呼吁要勇于和西方列强展开市场竞争，改变中国积贫积弱的状况。

郑观应主张“习兵战不如习商战”，即不能仅热衷于购买西方的战舰、枪械，单纯按西方模式建炮台、造水雷、设海军、操陆阵，还要学习西方各国经济发展的模式，尤其是必须学习西方发展工商业的技术与管理经验，明确主张“以商立国”，指出“商务者，国家之元气也；通商者，疏畅其血脉也”。他说，中国要战胜西方列强，就必须摒弃陈旧的“崇本抑末”观念，树立以商为本的新观念，大力振兴商务，才能国强民富。

郑观应主张的“商战”，其实就是主张中国要按照西方的模式发展资本主义经济，建立独立的民族经济，扩大出口，限制入口，摆脱成为西方列强“取材之地，牟利之场”的处境，从而达到“国势日强，民生日富”的目的，最终“固本”强国。

他认为，商战最终还是人才之战，中国为此必须造就一批能按世界商业发展规则办事的工商人才。他要求在中央特设商部，各省分设商务局，商务局必须兼设商学，“分门别类，以教殷商子弟，破其愚，开其智”。

郑观应的“商战”论，在清末暮气消沉的状态下，无疑是振聋发聩的“危言”。张之洞评《盛世危言》说：“上而以此辅世，可谓良药之方；下而以此储才，可作金针之度。”光绪帝下诏将此书刊印分发给朝臣阅读。

《盛世危言》对中国近代思想史及商业发展产生了深远的影响。近代亦商亦儒的粤商没有忘记灾难深重的祖国，提出了许多富有建设性的强国富民思想。

新式媒体发源地 近代报刊

鸦片战争以后，外国传教士首先在中国通商口岸创办报刊，时统称“外报”。广州是中国内地最早出现“外报”的城市，1827年英文《广州纪录报》在广州诞生，成为中国近代报刊源头。中文版“外报”最早也出现在广州，即1833年《东西洋考每月统记传》。

广州也是近代中国报刊出版的发源地，1872年创刊于广州的《羊城采新实录》，是第一份由中国人主办的报刊。自此以后，广东开始利用民族资本创办报刊。光绪十年（1884年），广州创办的《述报》是广东内地第一家民族资本性质的中文日报，也是我国最早的石印日报。

光绪十二年（1886年）六月，广东人邝其照在广州华宁里创办了《广报》。这是广州第一家报社，也是中国最早的日报之一。《广报》内容涵盖著论、本省新闻、中外新闻及物价行情等。《广报》外形仿效上海《申报》，在香港、澳门、上海等地及海外的新加坡、马来西亚、泰国、越南、旧金山、菲律宾等地设销售处，销路极广，与汉口《昭文新报》、上海《汇报》三足鼎立。1891年被迫停刊。馆址迁沙面，先后更名《中西日报》《越峤纪闻》，不久停刊。

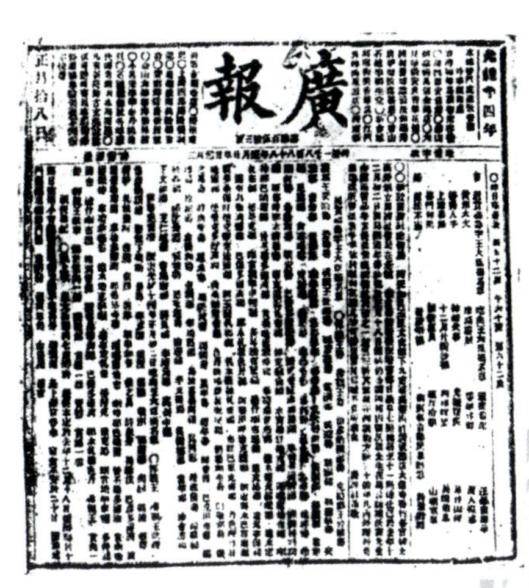

廣報

邝其照于1886年在广州创办的《广报》

广东也一度是中国近代报刊最多的省份之一。1912年仅广州就有20多种日报发行。但由于时局动荡，近代广东报纸大多只能生存三四年，有的甚至仅发行一年半载就销声匿迹。只有《广东七十二行商报》从1907年一直办到1938年，成为近代广东“报龄”最长者。

《广东七十二行商报》是广州商界的喉舌。1907年由黄景棠独资创办，广州商界除了从该报获得信息外，还可以通过该报联络彼此或表达共同主张。报纸内容丰富，开辟了上谕电传、论说、本报专电、本报特别要闻、本省新闻、中外要闻、时评、谈屑等专栏。发行至江门、佛山、香港、上海、汉口、梧州以及新加坡、美国、秘鲁等地。1913—1914年，发行量居广东省报刊首位。1938年10月日军侵占广州，该报停刊，前后历时33年。

1902年，杨源等创办的《岭东日报》成为汕头第一家地方报纸，也是20世纪初广东东部地区最早创办和最重要的报纸之一，是汕头报纸业的开端。

1929年《广州民国日报》的广告画

20世纪初，广东侨乡兴起创办报刊热，其中1909年2月创刊的《新宁杂志》（台山又称新宁），是我国第一份侨刊，开创中国侨刊先河。

西式教育 新式学堂

新式学堂与鸦片战争以后的洋务运动有密切关系。广州同文馆是广东最早的外语学校，设于同治三年（1864年），光绪三十一年（1905年）改为译学馆，聘请外籍教师教学，课程有英文、经史、法文、德文，以三年为学习期限，学成后安排担任翻译官。

1887年张之洞在广东实学馆创办广东水陆师学堂，学习西方自然科学和技术，科目有英语、德语，分马步、枪炮、营造3个专业，并要求诵读四书五经。1889年，学堂增设矿学、化学、电学、植物学、公法学（即国际法）等五所西艺学堂，重视教学与实践相结合，学生每年9个月在学堂学习，3个月在兵舰或兵营实习。1903年改为水师学堂，次年又更名水师鱼雷学堂。以后又改称广东海军学校。

两广电报学堂建于光绪十三年（1887年），聘请外国人教授电学、算学、测量等技术，学习英法文兼四书五经。

近代以来，广东成为西方新式教育传入最早的地区之一。来华的传教士将办学作为传教的重要手段，在广东开办了大量教会学校。19世纪30年代，美国传教士裨治文·伊利沙在广州设女塾，为教会在中国大陆开办女学之始。鸦片战争后，教会在广东办学数量大增，早期的教会学校以小学教育为主，后来逐渐发展中学教育和高等教育。晚清广州建有基督教教会小学14所、中学9所，著名的有培正中学、培道女子学校、东山神道学校、真光书院、培英中学、格致书院、南华医学院等。

真光中学是广州最早的教会中学，由美国长老会于1872年创办，初称真光书院，只招女生。1909年改称真光中学堂。格致书院由美国传教士哈巴于1888年创办，校址三度迁移，后在1904年迁至广州河南康乐村，更名为岭南学堂。1905年改办大学，1917年定名为岭南大学。岭南大学是中国最早实行男女同校的大学，创办伊始，就有女孩插班就读，促进了中国大学男女同学的进程。

广东省立第一女子师范学校

培英中学

教会学校讲外语，授西学，许多学校直接使用英语教材。学生掌握外语，有利于扩大知识范围，吸取西方学科知识。

教会学校还是西式教师的摇篮，培养了大批西学教师，对广东近代教育的改革与发展产生了重大影响。特别是在19世纪末以前，教会学校是中国唯一培养西学教师的机构。由于当时中国懂西学者少，社会对西学人才需求强烈，教会学校毕业生到各级官办学堂任教，担任西学教习，成为广东乃至全国各级学校教师的重要来源，促进了新式学堂的发展。

对症下药 新式医院

西医的"头痛医头、脚痛医脚"，与中医慢性调理截然不同。西医进入中国，与传教士分不开，最早的教会医院出现在澳门。1825年，美国传教士伯驾在广州新豆栏街开设眼科医局，开创了广州利用西医诊治眼病的先河，后易名为仁济医局、博济医馆、博济医院。博济医院是中国第一间综合性西医医院，现为中山大学孙逸仙纪念医院。1838年，由英国东印度公司传教医生郭雷枢倡议，西医在广州成立了中国境内最早的医药团体——中华医药传教会，会长郭雷枢，副会长伯驾和裨治文，目的是通过医药开展传教活动。

鸦片战争前，只有澳门和广州有西医院。战争之后，凡是有教会活动的地方，就有西医院设立。时广州有美国人开设的博济医院、两广医院、夏葛女医院、柔济医院，日本人开设的博爱医院，法国人开设的韬美医院等。美国传教士于1867年在汕头开设福音医院，英国传教士于1901年在韶州开设河西医院。

博济医院大门

广州柔济医院实验室

与此同时，西医教育也逐渐兴起。1835年，伯驾在广州为3名中国助手开办医学班，被视为中国西医学教育的先导。1866年，美国医生嘉约翰在广州创办华南医学校，附属于广州博济医院。课程有解剖学、生理学、外科、内科、药学、化学、临床实习等。华南医学校招收女生。1930年博济医院更名为岭南大学医学院附属医院。

西药也在广东设店销售。1870年，英国商人在广州开设屈臣氏药房，除采办供应医院外，还以西药为主制作成药向社会行销。因为西医院增多，西药供不应求，清末广州出现了第一家由华人创办的西药房——泰安药房。

西医的种牛痘术也是由广东传入北京，并逐渐推广全国。1805年，英国外科医生皮尔逊在澳门试种牛痘成功。广州行商郑崇谦到澳门将皮尔逊的文章译为《牛痘奇书》出版，又邀请皮尔逊到广州洋行会馆设牛痘局施种牛痘。1828年潘仕成到北京，在南海会馆设立痘局，由广东人余心谷主办，北京医生争相前来学习接种牛痘技术，种牛痘术由此传遍全国各地。

新式医院的不断建立，促进了中西医理论结合，对中国医疗卫生事业的发展起到重要作用。

百年光影 影视剧院

电影作为一门新式艺术表演形式，最早产生于国外。电影传入我国大约是在清末，地点在上海，但电影从业人员多为广东人，如阮玲玉、胡蝶、陈波儿、蔡楚生、郑正秋等。当时全国的电影院基本掌握在广东人手里。

清末广东的影视剧院也不断发展壮大。1903年前后，一位从美国归国的华侨带回了电影放映机和几部风景片，在广州长寿路的高升茶楼放映，广州从此有了电影放映活动，时人称为“映画戏”“电影戏”等。民国初年，广州逐渐出现营业性电影放映机构，称作“映画院”或“影戏院”。

香港电影先驱人为新会黎北海和黎民伟兄弟，他们也是中国电影早期的开拓者，黎民伟被称为“中国电影之父”。1913年两人与外资合作组建了香港第一家电影公司——华美影片公司。

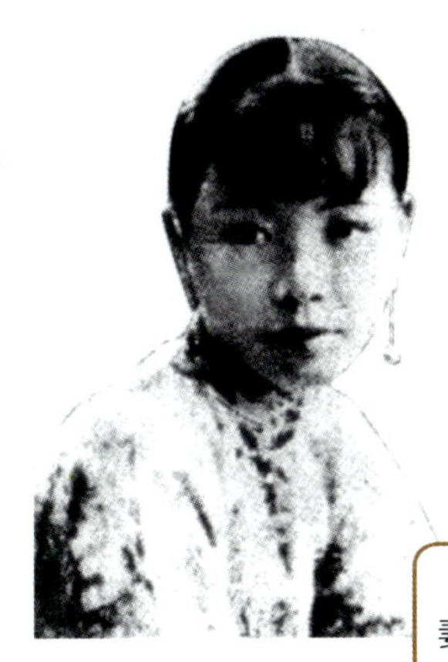

黎北海和黎民伟兄弟自编自导自演了第一部故事短片《庄子试妻》，是香港电影史上第一部由中国人编导制作的影片，由此拉开了香港及南中国电影史的序幕。黎民伟妻严珊珊为南海人，在《庄子试妻》中扮婢女角色，开创女演员登上银幕的先河。

严珊珊，广东南海人，黎民伟之妻，中国第一代电影女演员

1926年美国华纳公司拍摄了世界上第一部有声电影《唐璜》。台山华侨商人陈汉子等预见到影视业在未来有广阔的市场前景，于是在广州西堤集资兴建了戏院，既放电影，又演粤剧。1927年西堤戏院开业，上映美国有声电影影片，开广州有声电影之先河。随后，陈汉子等又陆续在广州下九路、财厅前、西濠口、光复北路等分别兴建了中山戏院、中国戏院、西濠戏院、中兴戏院，成为广州电影院大王。1927年胡君实在永汉路（今北京路）建永汉影戏院。

广州另一个电影院巨子是台山人朱荫桥，1931年在广州惠爱路建成新华戏院，1934年又在西关恩宁路建成了金厂电影院。这两间电影院豪华舒适，设备先进，被誉为广州戏院之冠。1932年大年初一，新华影院正式开业，放映的第一部片子是香港有声电影《桃花乱放》。金厂电影院率先安装空气调节设备，设专人负责场内外卫生，在当时广州属高档消费场所。

五邑华侨伍瑞龙于1929年在长寿路建起了长寿电影院，次年又投资在惠爱东路建起了东乐戏院。陈、朱、伍三家垄断了整个广州的电影放映业。

19世纪末广州才出现真正公开售票、以盈利为目的，且有一定建筑规模的商业性戏园，地点在西关。1895年8月3日刊登在《香港华字日报》上的《论粤省禁设戏园》记载了当时广州南关、西关、河南、佛山四大戏院，这四大戏院均是商人所办。

1927年建成的永汉影戏院

先进理论 马克思主义在广东

广东士人得风气之先，也开风气之先，他们对马克思主义的了解与介绍，也首开风气。

1902年，新会人梁启超发表在《新民丛报》第18号上的《进化论革命者颉德之学说》一文，称马克思（麦喀士）为社会主义之泰斗。梁启超成为中国最早介绍马克思的学者之一。

同盟会最早的会员之一番禺人朱执信于1905年在《民报》第2号发表《德意志社会革命家小传》一文，介绍了马克思、恩格斯的革命活动，翻译了《共产党宣言》的片段，成为中国最早翻译《共产党宣言》（片段）的人。

朱执信

最早在华南地区系统介绍马克思主义的人是珠海杨匏安，中共最早党员之一，他在留学日本期间接触到马克思主义。1917年在《广东中华新报》发表《马克思主义》一文，系统阐述马克思主义思想，他因此成为在广东传播马克思主义的先驱者。

杨匏安

1920年，谭平山、谭植棠、陈公博等参加过五四运动的革命者从北京回到广州任教，积极在广东传播马克思主义，集资创办《广东群报》，为共产党在广东活动做了舆论准备。1920年12月，陈独秀由上海到广州，与谭平山等商议建立广东共产党组织。1921年3月，广州共产主义小组成立，陈独

中共“三大”旧址

秀、谭平山先后任书记，陈公博负责组织工作，谭植棠负责宣传工作。

1921年7月，广东共产党小组选派代表，出席在上海召开的中国共产党第一次全国代表大会。8月，成立中共广东支部。

1923年6月，中国共产党“三大”在广州召开，陈独秀主持了大会，大会决定采取共产党员以个人身份加入国民党的形式实现国共合作，同时保持共产党在政治上、思想上和组织上的独立性。1924年7月，农民运动讲习所在广州创立。这表明广州已经成为传播马克思主义的重要阵地。

先贤足迹

人物篇

人是历史的创造者。马坝人早在远古时代已在南粤大地留下了足迹。秦汉以后，在南粤历史发展的长河中，先贤人物多如天上星斗，难以计数。但其中最耀眼的星光，仍值得我们驻足观望，细心品味这些先贤展现出的智慧与人格魅力。当然，限于篇幅，我们采撷的只是当今广东境内的历史人物。这些先贤在南粤乃至中国历史进程中扮演了举足轻重的角色，他们的事迹涉及政治、经济、文化、教育、科技等诸多方面，全方位地体现了他们在历史发展的不同时期，对南粤乃至中国社会发展所做出的巨大贡献。事实上，在我们的眼中，不仅此书中提到的人物是南粤历史中的一颗颗璀璨星星，忍痛割爱未选取的如唐代莫宣卿、宋代李昴英、明代黄佐、近代叶挺、现代胡蝶等等，亦是光芒四射；而对许多曾在南粤工作、生活过，对南粤历史做出不可磨灭重要贡献的外省人物，如韩愈、包拯、苏轼、文天祥等，以及曾属广东的海瑞、邱濬等人物，我们也只能在描述其他人物时点到为止。这些提及或未提及的先贤人物共同构筑了辉煌的南粤历史。

广东先民 马坝人

马坝人头塑像

岭南最早先民，可追溯到远古时期的马坝人。1958年夏季，在广东曲江县马坝镇狮子岩狮头洞穴，发现了一颗不完整的人类头盖骨化石。经专家修复后鉴定，这是一个中年男性的头盖骨，生活在距今12.9万～13.5万年，因其发现于马坝镇，故被命名为“马坝人”。

马坝人具有黄种人的某些重要特征，如头盖骨呈卵圆形，颧骨向前突出，鼻骨较宽，鼻梁侧面呈凹形，眼眶沟较深等。有专家认为，马坝人是黄色人种的原祖之一，甚至据此判断中国人种起源于南方。

马坝人生活的时代，动物物种很多，包括大熊猫、剑齿象、鬣狗、鹿、牛、羊等，说明当时的生存环境可能气候温凉、林木茂盛、水草丰富，非常适合人类和动物生存。

马坝人生活的时代属于旧石器时代中期，工具多用石料，打制方法简单粗糙。

峒中岩出土的人牙化石

广东远古先民的活动，并不局限于粤北。1978年和1989年，在粤西的封开县渔涝区的峒中岩发现3颗人牙化石。经测定，与马坝人属同一时期，被命名为“峒中岩人”，其动物化石绝大多数也与马坝动物群相似。

广东从马坝人和峒中岩人开

始，就有了人类社会，说明广东在远古时代就有广东人自己的祖先生息繁衍，也说明中华民族祖先呈星状散布。

20世纪90年代以后，文物考古工作者又在广州、深圳、佛山、河源、潮州等地，不断发现旧石器时代的化石，表明了广东古人类活动范围的广泛。

人类学家的研究表明，马坝人生活的时代婚姻关系已由血缘群婚进入族外群婚制，人类社会正在向母系氏族制迈进。

1988年韶关市在马坝人遗址旁建立马坝人博物馆，2001年博物馆被列为全国重点文物保护单位。

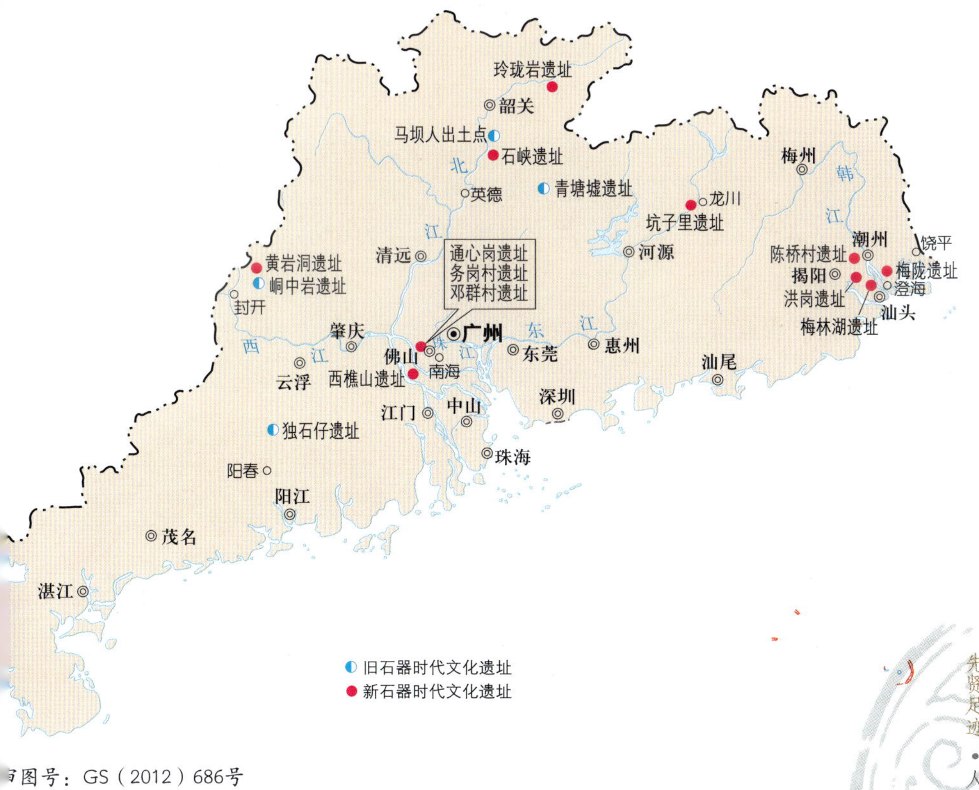

广东远古文化遗址分布图

南下干部第一人 赵佗

赵佗，真定（今河北正定县）人，生卒不详。秦朝时任龙川县令，因创建岭南历史上第一个政权——南越国，而被载入《史记》《汉书》之中。毛泽东评价他为“南下干部第一人”。

秦始皇统一中国后，派屠睢、任嚣和赵佗先后两次南下征服岭南，公元前214年秦始皇在岭南设南海、桂林、象三郡。赵佗被授为南海郡龙川县令。秦末农民起义爆发后，公元前208年，南海郡尉任嚣审时度势，分析天下形势，让赵佗代理南海尉，统辖三郡，集军政大权于一身，成为岭南掌舵人，为南越国建立奠定基础。公元前206年，任嚣病逝，归葬于“任嚣城”（今番禺），赵佗正式掌权。

汉高祖三年（公元前204年），赵佗在岭南自立为南越武王，以番禺为都城，建立南越国，拥有秦朝的桂林、象、南海三郡之地。南越国先后传五代，在刘邦消灭异姓诸侯过程中得以存留，与赵佗的国策密不可分。

西汉建立后，刘邦派陆贾携带南越王印出使南越，封赵佗为王。赵佗向汉称臣，接受南越王印，不改变南越国体制，实行汉朝法律制度。汉越双方建立了松散的隶属关系。吕后执政时，对南越实行关禁，汉越关系恶化。公元前183年，赵佗宣布独立，自称南越武帝，与汉朝分庭抗礼，双方曾一度刀兵相见。汉文帝即位，派陆贾第二次出使南越，赵佗取消帝号，臣服汉朝，自称“蛮夷大长老夫臣佗”，强调自己在岭南的统治地位。

南越王玉佩

西汉南越王博物馆

赵佗在位时，将中原的汉字、铁农具引入南越，加快了岭南发展的步伐。他采取“和辑越人”的民族政策，倡导汉越通婚，吸收越人参政，如南越丞相吕嘉就是越人，促进了汉越融合与稳定。

从公元前204年赵佗称王到公元前111年赵建德被俘，赵佗定下的政策基本被延续，汉越保持友好关系，对岭南地区的政治经济发展具有积极作用。赵佗为南越国定下的行汉制、用汉法的国策，缩小了岭南与中原的差距，为南方开发奠定了基础，加速了统一多民族国家的形成。

巾帼英雄第一人　冼夫人

冼夫人为高凉冼氏之女，高凉大致在今茂名市电白区或高州市境

冼夫人

内。冼氏是高凉世家大族，世代为俚人首领，部落有10余万家。冼夫人足智多谋，善行军打仗和安抚部众，逐渐成为俚人部族的大首领。

南朝梁武帝大同初年，罗州刺史冯融把冼夫人聘为儿媳。冯融本是北方燕国的后裔，燕国灭亡后，祖上冯业带族人侨居岭南。冯氏家族三代在高凉地区任太守或刺史，但因与俚人不和，常常号令不行，故冯融让儿子冯宝娶有才能的冼夫人，希望借冼夫人压服百越。冼夫人出嫁后，遵从汉族礼仪，公平解决汉俚纠纷，从此高凉政令有序。

侯景叛梁时，高州刺史李迁仕想投靠侯景，他想利用冯宝和高凉兵力，被冼夫人识破。后陈霸先统一岭南时，遭到李迁仕攻击，冼夫人认为陈霸先得民心，故亲自率兵协助陈霸先打败李迁仕。陈朝建立后，冼夫人于永定二年（558年）派9岁儿子冯仆率南越各部首领前往朝见，冯仆被任命为阳春郡太守，以冼夫人代行政事。太建元年（569年），广州刺史欧阳纥召见冯仆起兵反陈，并把冯仆扣押在广州，以此要挟冼夫人。冼夫人为了维护国家统一，毅然发兵与朝廷一起剿灭欧阳纥叛乱。平叛后，陈宣帝授冯仆信都侯，加平越中郎将，转石龙太守，冼夫人被册封为中郎将、石龙太夫人，赐安车驷马，给鼓吹一部，仪仗形同刺史。陈朝灭亡后，岭南群龙无首，周围郡县一致拥戴冼夫人为“圣母”。

隋朝建立后，杨广统一岭南时，持冼夫人所赠陈朝皇帝手杖为信物，冼夫人见到陈朝信物后召集首领，派孙冯魂迎隋军，岭南得以免受战火之苦，冼夫人由此被封为宋康郡夫人。开皇十年（590年），番禺王仲宣谋反，冼夫人派兵助隋军平定了判乱。隋文帝册封冼夫人为谯国夫人，设谯国夫人幕府，配以长史以下的官吏，给予印章。

冼夫人晚年，番州总管赵讷贪赃枉法，以致俚人各部落叛乱，冼夫人直接向皇帝上奏，赵讷被依法处置。冼夫人去世，隋朝赐“诚敬夫人”谥号。

高州冼太庙

冼夫人维护和促进民族团结，与汉人通婚，反对地方割据，维护国家统一，在百越地区推行中原礼仪文化，使岭南“渐袭华风”，为国家统一和岭南安定做出巨大贡献。自唐代以来，岭南各地多建冼夫人祠供奉她。周恩来总理称赞她为“中国巾帼英雄第一人”。

禅宗六祖 惠能

惠能，又作慧能，俗姓卢，祖籍河北范阳，唐代新州（今广东新兴县）人，佛教禅宗祖师，世称禅宗六祖。

惠能生于唐贞观十二年（638年），三岁丧父，以砍柴为生。据说，惠能在卖柴时听人诵读佛经，心有所悟，遂辞母前往湖北黄梅东山禅寺，拜禅宗五祖弘忍学佛，自称“唯求法作佛”。惠能与弘忍交谈说：“人即有南北，佛性即无南北。”受弘忍赏识，收为门徒。一天，弘忍集合门人，要大家作偈，以了解各人悟性。时佛法造诣很高的神秀作：“身是菩提树，心如明镜台。时时勤拂拭，莫使惹尘埃。”惠能作：“菩提本无树，明镜亦非台。本来无一物，何处惹尘埃。”五祖对他刮目相看，于深夜在密室向惠能讲解《金刚经》，并以达摩所传衣钵授之。明代大儒湛若水说：“达摩西来，传衣为信。”惠能带着衣钵连夜南奔，后果遭众人追逐欲夺衣钵。惠能遵五祖授记“逢怀则止，遇会则藏”，在四会一带隐匿行迹，潜修默炼15年，形成了完整的南宗禅弘法体系，成为禅宗六祖。

唐武周仪凤元年（676年）正月十五日，惠能到达广州法性寺（今光孝寺），恰逢“印宗法师讲涅盘经”，有二僧在辩论风幡之义，一说风动，一说幡动。惠能听后说：“不是风动、不是幡动，仁者心动。”此语一出，震惊全场。印宗法师与之交谈，得知其为禅宗六祖，遂请高僧为他剃度，正式完成出家仪式。

不久，惠能离开光孝寺，北上韶关曹溪宝林寺（今曲江南华寺）弘法，在此扩建寺庙，广收门徒，主张“顿悟”，在曹溪说法三十年，声誉广大，人称“南宗”。南华寺也因此被南派禅宗视为“祖庭”。712年，惠能曾回新兴故乡，命门人在国恩寺建塔。713年惠能圆寂。其弟子整理其言论为《坛经》。

佛教至唐代主要有八大祖庭：天台宗、三论宗、法相宗、华严宗、禅宗、律宗、密宗、净土宗。惠能所主张“顿悟”的南派禅宗日益壮大，与神秀主张“渐悟”的北宗渐渐对立，成为唐朝后期最流行、最具影响力的佛教宗派。唐宪宗追谥他为“大鉴禅师”，宋太宗加谥“大鉴真空禅师”。唐宋以后，佛教各宗大都衰微，唯有禅宗盛行，禅宗几乎成为中国佛教的代名词。

岭南第一相 张九龄

隋唐时期，朝廷重视岭南人才培养，派遣选补使在岭南等偏远地区实行不定期选拔及第而未授官者及前官、现官填补阙官制，史称“南选”，又称南铨。南选的实行，刺激了岭南儒学进一步发展，封开的莫宣卿成为岭南历史上第一位状元。

张九龄塑像

张九龄登科，标志岭南儒学得到发展。张九龄，号曲江，唐朝韶州曲江人，是岭南第一位入朝做宰相的士人。

张九龄七岁能文，十三岁受到广州刺史王方庆的赏识。景龙元年（707年）登进士第，次年授校书郎，负责校雠典籍工作。开元元年（713年），升为左拾遗，负责向皇帝谏言。后因得罪宰相而告病回家。

张九龄返乡后，为了便利岭南与中原的沟通交流，于开元四年（716年）主持重开大庾岭道。张九龄上书朝廷请求开凿大庾岭道，获准，并被朝廷任命为修路主管。大庾岭道修通后，取代了西江—桂江—灵渠—湘江道，成为南北水陆交通的主干道。人们为了纪念张九龄及其侍妾戚夫人开凿大庾岭道的功德，专门建夫人庙加以供奉。

张九龄之后，韩愈被贬潮州任刺史，大力兴办教育，促使岭南文化全面发展。潮州人为此建立韩文公祠，世代祭奠。

韩文公祠

张九龄主持修建的梅岭古道成为当时连接南北交通的主要通道，被后人誉为“古代的京广线”，不仅为唐代南北交通做出巨大贡献，而且造福子孙后代。宋代大量移民通过大庾岭路南下珠三角各地，至今流传的“珠玑巷移民”，与此息息相关。

南雄珠玑巷

张九龄因修大庾岭路有功，开元六年（718年）被升为礼部员外郎，后累官至宰相，封为伯爵。开元二十四年（736年）因被李林甫陷害而被降职，后又被贬为荆州大都督府长史。开元二十八年（740年）张九龄南归，病逝于曲江家中，葬于家乡武陵原。安史之乱期间，唐玄宗避兵四川，有感于张九龄直言，派人到曲江祭扫张九龄墓，赐谥号“文献”。后人整理其诗文为《张曲江集》。

忠言伟烈 余靖

北宋时期，曲江又出了一位影响深远的进士——余靖，字安道，号武溪。天圣二年（1024年）中进士，旋即被任命为虔州赣县尉，累官至工部尚书。

余靖一生以敢谏闻名于世，与欧阳修、王素、蔡襄被称为“庆历四谏官”。庆历三年（1043年）宋仁宗任命欧阳修、王素共同为知谏院，余靖为右正言。余靖“遇事直言，无所回避”。在余靖等不断谏言下，仁宗更换朝官，形成以范仲淹等为首的改革新班子，出现了“庆历新政”的新气象。

余靖关心民间疾苦，曾上《论河北榷盐》，主张应通商，不要实行榷盐之法。又曾上《乞罢营造开宝寺舍利塔》，劝宋仁宗体恤民间疾苦，不要浪费民力，迷信外来宗教。后人有诗赞他：“好竭谋猷居帝右，直须风采动朝端。”

余靖除以谏言著称外，还是一位杰出的外交人才。北宋时期，同时并立着西夏、辽、金等政权，不时威胁着北宋边疆安全。这些少数

余靖一生功绩甚高，欧阳修赞他：“功书史官，名在夷狄”“公之在焉，帝不南顾”。明代弘治年间官府在韶关建“风采楼”纪念余靖。

风采楼及余靖像

民族政权间也不时发生矛盾。余靖奉命于庆历四年（1044年）和庆历五年（1045年）出使契丹，成功调和了辽与西夏的关系，在复杂的宋、辽、西夏三角关系中维护了宋朝的利益，保证了北宋北方边境的安宁。余靖还参与平定了南疆的侬智高叛乱。

宋皇祐四年（1052年）四月，广南西路侬智高举兵反宋，五月破邕州，建立“大南国”，年号启历。侬智高率军继续东进，攻下端州（今肇庆），逼近广州城。宋军数度与侬智高交战，皆以失败告终。北宋朝野震惊，随即派狄青为枢密副使率兵南下平叛。余靖受狄青指挥，率军参与昆仑关下归仁铺之役，擒获侬智高的母、弟等人，押往京师。侬智高率残部逃回大理一带。岭南地区得以恢复平静。

余靖在平定侬智高之后，被授予尚书左丞、广南东路经略安抚使，知广州。1063年宋英宗即位，拜工部尚书。次年回京述职，偶染风寒，病卒，享年65岁。宋英宗辍朝一日，追赠刑部尚书，谥曰“襄”。后人尊称“忠襄公”。

南海士大夫代表 霍韬

明中叶前后，南海县出现一批士大夫官僚人物，他们在朝廷相互扶持，在地方相互帮衬，形成南海士大夫群。

明初，广东独立设省，省会广州成为政治文化中心，南海作为首县之一，涌现了许多才华横溢的士大夫。他们通过科举考试，由地方走进中央，又由中央回到家乡。他们无论在朝在野，都执着地施展自己的抱负，对当时中国社会发展走向产生了重要影响。

明中叶前后南海籍士大夫一览表

姓　名	科举名次	活动年份	历任官职	品级
梁　储	会元	成化十四年（1478年）—正德十年（1515年）	吏部尚书、太子太傅、华盖殿大学士	正一
方献夫	进士	成化二十一年（1485年）—嘉靖二十四年（1545年）	吏部左侍郎、礼部尚书、太子太保	正一
霍　韬	会元	成化二十三年（1487年）—嘉靖十九年（1540年）	吏部左侍郎、礼部尚书、太子太保	从一
伦文叙	状元	弘治十二年（1499年）	翰林院修撰、经筵讲官、翰林侍讲	正六
梁　焯	进士	正德九年（1514年）—嘉靖七年（1528年）	兵部职方司员外郎	从五
伦以训	会元	正德十二年（1517年）—嘉靖十五年（1536年）	编修、经筵讲官、南京国子监祭酒	从四
伦以谅	进士	正德十五年（1520年）—嘉靖年间	庶吉士、陕西道御史、吏部主事	正六
伦以诜	进士	正德年间—嘉靖年间	吏部主事、南京兵部郎中	正五
冼桂奇	进士	嘉靖十四年（1535年）—嘉靖三十三年（1554年）	南京刑部主事	
何维柏	进士	嘉靖十四年（1535年）—万历初年	吏部左、右侍郎，南京礼部尚书	正二
庞尚鹏	进士	嘉靖三十二年（1553年）—万历年间	浙江巡抚、福建巡抚、左副都御史	正三

除了上述南海籍士大夫外，属于广州府的著名士大夫还有新会陈白沙和增城湛若水。其中湛若水不仅学识渊博，还一度官至南京礼、吏、兵部三尚书。

南海士大夫群彼此交往密切，政治上相互提携，更通过家族联姻，巩固群体利益。以霍韬为例，他与方献夫、伦以谅、湛若水、冼桂奇结为儿女亲家。

霍韬，字渭先，号兀崖，也称渭崖。霍韬敢于针砭时弊，针对内阁职权的缩小，锦衣卫、东厂的职权不当，以及朱宸濠之乱平定后的赏

赐过滥等，积极上言，嘉靖帝欣然采纳。嘉靖帝以正德帝堂弟的身份继承大统，引发群臣与嘉靖帝之间以谁的父亲为皇考的大辩论，史称“大礼议之争”。以杨廷和为首的朝官主张应尊正德帝生父为皇考，嘉靖对此不满；霍韬、方献夫等则主张尊嘉靖生父为皇考。最终嘉靖获胜。霍韬因此深得嘉靖信赖，被委以重任。

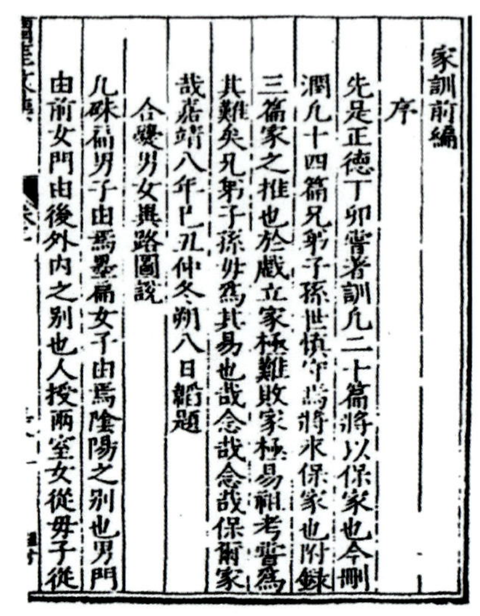

家訓前編
序
先是正德丁卯嘗著訓凡二十篇將以保家也今删
潤凡十四篇兄弟子孫世慎守焉將求保家也附錄
三篇家之推也於戲立家極難敗家極易祖考嘗為
其難矣兄弟子孫毋為其易也哉念哉念哉保爾家
哉嘉靖八年己丑仲冬朔八日韜題
合變男女異路圖說
凡砯福男子由焉婺福女子由焉陰陽之別也男門
由前女門由後外內之別也人授兩室女從毋子從

霍韬撰《家训》书影

霍韬在家乡积极推动毁淫祠活动，并借此增强家族实力，支持西樵山四峰书院发展，对岭南地区人才培养起到了重要作用。他坚持“本末相兼”，鼓励族人农商并重，霍氏家族也因此成为佛山巨贾。霍家涉足佛山铸铁业、木材和食盐买卖等行业，有比较完善的分工和经营管理体系。

广东徐霞客 屈大均

屈大均，字翁山，番禺人。明末清初著名学者、诗人，因游历全国各地，被称为“广东徐霞客”。

屈大均在15岁时师从南粤硕儒陈邦彦（陈恭尹之父）。顺治四年（1647年），清军攻下广州，屈大均参加陈邦彦发动的抗清斗争。顺治六年（1649年）春，他奉父命赴肇庆拜南明永历帝，上《中兴六大典书》，被授予中秘之职，因父亲病重而归家。

屈氏大宗祠

顺治七年（1650年），清兵再破广州。时屈大均父亲已不在人世，清军节节获胜，南明小朝廷争吵不休，他选择了逃禅归隐，法名今种。但他并未真心皈佛，而是借此游走各地，结交遗民志士，在30岁左右弃佛复儒。

屈大均从顺治九年（1652年）到康熙二十年（1681年）又四次离家北上游历，足迹到达南京、北京、扬州、嘉兴、杭州、济南、济宁、三原城、泾阳、华阴、西安、雁门、代州、五台山、太原、汉阳等地。除了远行，他也游历广东省内各地。

屈大均在游历期间，结识了朱彝尊、王弘撰、李因笃、傅山、顾炎武等一批仁人志士。顺治十三年(1656年)，他与魏耕等共谋反清，并与郑成功暗通信息。康熙十二年（1673年）吴三桂起兵反清，他自粤北入湘从军，不久托病辞归。

康熙二十二年（1683年），台湾郑克塽降清。屈大均深知复明无望，从此不再远游，在家著述讲学，悉心收集编纂广东文献，流传至今的有《广东文选》《广东新语》等巨著，对岭南文化的传承和发展做出了重大贡献。

屈大均一生游历时间之长，范围之广，可与明代徐霞客相比，故被称为“广东徐霞客”。他在第三次出游时，于康熙五年（1666年）在陕西与明朝大将王壮猷遗孤王华姜结成伉俪，时年37岁。

屈大均所著《广东新语》有“广东百科全书”之称，至今仍是一部具有极高史料价值的广东文献。

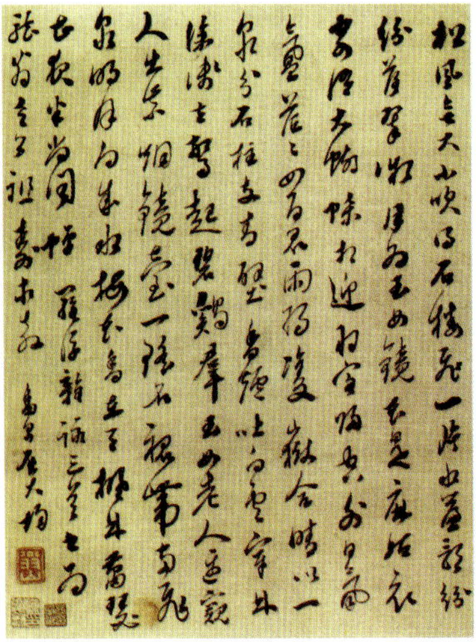

屈大均《草书咏罗浮诗》

屈大均在诗歌创作和诗学理论方面也颇有造诣，在广州创立“西园诗社”，以诗言志。清代著名学者钱谦益、王士祯、朱彝尊等对他的诗作评价甚高。现有《翁山诗外》《翁山诗略》等传世。

康熙三十五年（1696年）五月十六日，67岁的屈大均病逝于家中。今人欧初、王贵忱将屈大均著述重新整理为《屈大均全集》出版。

卓绝清官 陈瑸

说到广东的清官，最著名者有北宋在肇庆任职的包拯、明代敢骂皇帝的海瑞。其实，清代广东境内还有一位屡屡受到康熙皇帝表扬的清官——陈瑸。

陈瑸，字文焕，又字眉川，海康县（今雷州市）人，被誉为“天下清官”。康熙帝称他为“清廉中之卓绝者”，又说他是“苦行老僧”；

雍正表彰其“卓然完人，千秋茂典”。

陈瑸于康熙三十三年（1694年）进士及第，康熙三十九年（1700年）授福建古田知县，从此步入仕途。康熙四十一年（1702年）任台湾知县，因清正廉洁、爱民如子，台湾百姓在其离任时立功德碑纪念他。康熙四十九年（1710年）他又由四川提督学政调补台湾厦门道，再次任职台湾。在台五年，崇儒重道，修建万寿宫、文庙、朱子祠、文昌阁，置学田，致力于振兴台湾文教。

康熙五十四年（1715年）他由偏沅巡抚改任福建巡抚。康熙帝曾对群臣说：陈瑸“确系清官。以海滨务农之人，非世家大族，又无门生旧故，而天下之人，莫不知其清”。题御诗《赐闽抚陈瑸》。陈瑸在福建巡抚任内，革除积弊，提出剿灭海寇的“会哨之法”，对保护海上商船往来起到积极作用。次年，闽浙总督入京，陈瑸兼摄总督事，任职三年，节约公费一万五千多两，部分充作兵饷，部分解送海康县修筑海堤。

康熙五十七年（1718年）十月，陈瑸病逝于闽浙总督任上，享年63岁。康熙帝追授他为礼部尚书，谥“清端”，入台湾名宦祠。雍正年间入祀贤良祠。

陈瑸一生清正廉洁，勤政爱民，与于成龙、施世纶等为康熙时著名清官、名臣。清代将他与海瑞、邱濬并称为“岭南三大清官”。其著有《清端集》传世。

世界首富 伍秉鉴

清代十三行时期，著名行商伍家发展到第二代伍秉鉴时就已经跻身世界首富的行列。伍秉鉴，又名敦元，字成之，号平湖，祖籍福建。其父亲伍国莹自康熙年间由闽入粤到广州经商，成为十三行怡和行开创者，商名伍浩官。

嘉庆六年（1801年），32岁的伍秉鉴接手怡和行业务，伍家开始进入全盛期。伍秉鉴出任总商数十年，一直居于行商的领袖地位。之后，他捐纳清朝三品顶戴，成为红顶商人。道光六年（1826年），伍秉鉴将怡和行业务交给其四子伍受昌掌管，七年后受昌去世，又由伍崇曜接任，但伍秉鉴一直是幕后的真正操纵者。

伍秉鉴

伍秉鉴和英国东印度公司以及其他英商有业务联系，成为英属东印度公司最大的债权人。伍家同伦敦大银行家拜令兄弟公司有商业往来，和后来成为侵略中国大本营的查顿·孖地臣行也联系紧密。后者的中文行名就继承了伍怡和的老字号，称“怡和洋行”。

伍家和美国商人也打得火热。1830年之前，伍秉鉴和美国在广州的普金斯洋行业务往来密切。1834年英国东印度公司退出广州贸易后，时普金斯洋行已经关闭，伍秉鉴于是只和在广州的美国旗昌洋行合作。旗昌洋行当时是美国在华的头号巨商，伍秉鉴一直为旗昌作保。旗昌大股东约翰·福布斯一度担任伍秉鉴私人秘书。

伍秉鉴和旗昌洋行合作后，他的对外贸易全由旗昌福布斯代理，福布斯分享10%的利润，旗昌船只将伍家的茶叶运销到英美等世界各地。当时在伦敦、阿姆斯特丹、纽约和费城，“行销着一种以他的行号为商标的质量甚佳的箱装茶叶”。在美国，凡带有伍怡和“图记的茶叶，就能卖得起高价”。

伍家还运用由旗昌股东代管的资金，在美国进行证券投资，如“投资于美国的保险业”。旗昌的福布斯在广州赚取了大量钱财后回到美

伍秉鉴的伍氏花园（今广州河南海幢寺西邻）

国，决定投资修筑铁路，伍秉鉴通过福布斯在铁路股票上投资接近50万元，使福布斯成为横跨北美大陆最有名的铁路大亨。

伍家的怡和行成了一个名副其实的跨国财团。伍秉鉴在西方世界有重大的影响。亨特在获悉伍秉鉴去世时说：“这位举世闻名的公行最后的头人于1843年9月4日卒于广州河南，享年七十四岁，他和拿破仑、威灵顿都生于1769年。”旗昌洋行为了纪念他，特将一艘船命名为“浩官号”。英国人则将他与林则徐的蜡像一同陈列在伦敦名人蜡像陈列馆。

伍家发家致富的秘诀就是“藉夷起家”，即以海洋贸易起家，最终成为富甲天下的豪商。“伍浩官究竟有多少钱？”1834年，伍秉鉴宣称他的资产“约值2600万元”。西方人据此判断他为“天下第一大富翁”。2001年美国《华尔街日报》统计一千年以来世界最富有的五十人，伍秉鉴名列其中。

太平天王 洪秀全

洪秀全，原名火秀，族名仁坤，花县（今广州花都区）人，拜上帝会创始人，太平天国农民起义领袖。

英国人哈利于1866年出版的《太平天国》中所绘洪秀全像

洪秀全务过农，当过乡村教师，多次参加科举考试均落榜。道光十六年（1836年）他到广州应试，得到华人传教士梁发编写的基督教布道小册子《劝世良言》，遂萌生创教想法。他与冯云山、洪仁玕等建拜上帝会，自施洗礼，并向家人、族人宣传教义。经过多年努力，发展了不少信众，骨干成员有卢六、石达开、杨秀清、萧朝贵等。拜上帝会与地方政府的矛盾日渐加深，洪秀全等人在1850年决定反清，1851年1月11日在广西金田村正式宣布起义。

咸丰元年（1851年）洪秀全称天王，建号太平天国，并在永安建制封王，使太平天国初具规模。咸丰二年（1852年）太平军离开广西进入湖南。咸丰三年（1853年）就攻占了南京，将其改名天京，并定都于此，颁布《天朝田亩制度》，提出“凡天下田，天下人同耕”的设想，实行圣库制度分配产品，达到中国历代农民改革的最高理想境界。

洪秀全定都天京后，主要领导人之间争权夺利，内部腐化。咸丰六年（1856年），太平天国发生内讧，北王韦昌辉杀死东王杨秀清，引发天京事变，太平天国开始走下坡路。咸丰九年（1859年）颁布洪仁玕制定的《资政新篇》，决心效仿西方资本主义国家的管理模式，这是太平天国后期的重要建国纲领。洪秀全选拔陈玉成、李秀成等青年将领主持军事，任命族弟洪仁玕处理天朝政务，形成了一个新的领导班子，使太平天国得以维持。同治三年（1864年）六月一日，洪秀全病逝。七月十九日，天京陷落，太平天国起义以失败结束。

洪秀全领导的太平天国起义是几千年来中国农民起义的最高峰，但最终在清政府与外国势力的联合绞杀下失败。此外，太平天国起义的失败还与洪秀全自身封建等级观念浓厚，享乐思想突出，任人唯亲等有密切关联。

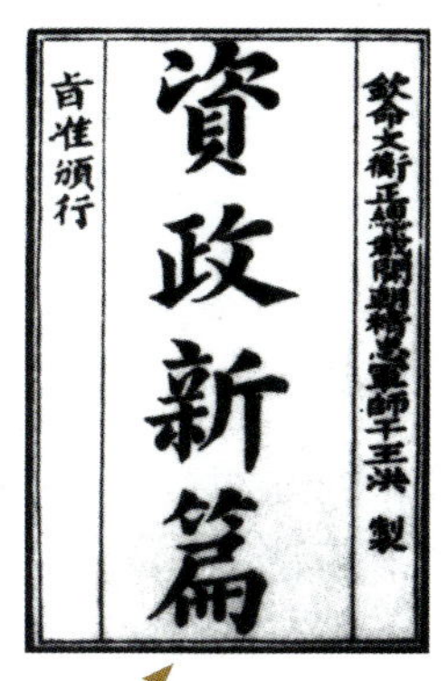

洪仁玕撰写、洪秀全批准颁行的《资政新篇》，提出了带有资本主义色彩的施政纲领

留学生之父 容闳

中国近代由国家派留学生出洋学习，与广东人容闳的奔走十分密切。容闳，今珠海市人，字达萌，号纯甫，英文名Yung Wing。早年就读于澳门马礼逊纪念学校，道光二十二年（1842年），马礼逊纪念学校迁香港，容闳亦随之到香港继续学业。1847年与黄宽、黄胜三人一起赴美读书，后考入耶鲁大学，被称为“中国留学生之父”。咸丰二年（1852年），容闳入籍美国。1854年容闳从耶鲁大学毕业，返回中国，成为中国最早的留美毕业生，曾在广州美国公使馆、香港高等审判厅、上海海关等任职，后为上海宝顺洋行经营丝茶生意。

容闳

容闳归国后，正值太平天国起义之时。国家内忧外患，他最先把中国近代化的希望寄托在洪秀全身上，冒险前往天京向洪仁玕

谈及有关建军队、军事学校、银行等想法，但未被采纳。

同治二年（1863年），容闳在安庆与曾国藩相见，不久入曾国藩幕府，被派往美国采购机器。所购100多种机器，成为第一个洋务企业——江南制造总局的主要设备。江南制造总局是中国近代第一座完整的机器厂。同治五年（1866年），曾国藩采纳容闳建议，在江南制造总局内设立兵工学校，培养机械工程技术人员。

同治七年（1868年），容闳上书江苏巡抚丁日昌，转呈军机大臣文祥，提出以选派幼童出洋留学为重点的四条建议，因文祥丁忧作罢。同治九年（1870年），天津教案爆发，容闳随曾国藩、丁日昌到天津处理善后事宜，并结识随行的广东吴川人陈兰彬（首任中国驻美公使）。容闳又向曾国藩提议派学生官费赴美留学，曾国藩与李鸿章商议后奏报清廷，获准。陈兰彬、容闳分任“幼童出洋肄业局”正、副委员。陈兰彬负责留学生在美期间的中文学习，容闳负责留学生在美期间的教育，直至光绪七年（1881年）撤回留学生为止。

他们在沪、粤、港共招生120名，从同治十年（1871年）至十三年

1872年的首批部分留美幼童

1874年清廷派出第三批留学幼童赴美学习。图为来自广东香山唐家村（今属珠海）的唐绍仪（右）与梁如浩（左）合影

（1874年）4年间，每年派出30名赴美留学。首次申请出洋留学者大多是广东人，以香山最多。

1874年容闳奉命赴秘鲁调查华工受虐的证据，为中秘签订条约抢占先机，成为中国政府保护侨民利益的肇始。

容闳还参加过1898年的戊戌变法，因变法失败，逃离北京赴美。1902年，容闳再次回国，协助孙中山革命。1912年1月1日，孙中山在南京就任临时政府大总统，容闳写信祝贺。不久，容闳病逝于美国寓所，享年84岁。著有*My Life in China and America*，中文译为《西学东渐记》。

洋务先驱 唐廷枢

唐廷枢，字建时，号景星，亦作镜心，香山人，近代著名大买办、实业家、洋务运动的积极倡导者。青少年时代在香港读书，同治二年（1863年）到上海出任怡和洋行买办，创办上海茶栈及茶叶公所。

同治十一年（1872年），李鸿章在上海创办轮船招商局，邀唐廷枢、徐润分别出任招商局总办、会办。唐、徐实际操纵着招商局的大权。1880年，唐廷枢主持制定了中国海运企业第一个航行规章《航海箴规》。1883年，唐廷枢向李鸿章推荐香山籍买办郑观应出任轮船招商局总办。招商局在天津、牛庄、武汉、广州等设分局，客轮远航日本、南洋和伦敦、旧金山、檀香山。

轮船招商局开张后，能源成为最大问题。当时的轮船“非铁不成，非煤不济”。起初的煤主要从国外进口，成本太高。光绪二年（1876年），唐廷枢奉李鸿章之命到天津筹建开平矿务局。他亲自勘察矿址、拟定计划，力主采用股份制，获李鸿章批准。1877年从国外购置了第一批挖煤机器运到天津口岸。1878年7月，开平矿务局正式设局挂牌。

1881年，开平煤矿建成出煤，这是使用“西国机器”大规模开采的先声。

开平煤矿投产后，运输又成为关键，唐廷枢向李鸿章提出“开煤必须筑铁路”的建议。但清政府对修铁路一直未予答复。他请求修筑轻便铁路，声明以驴马拖拉，才获批准。1881年底，建成唐胥铁路，一开始真的用驴马拉车皮运煤。后来才改装废旧锅炉为机车，拉响了中国铁路运输的第一声汽笛。清廷闻讯，勒令机车停运。唐廷枢费尽周折，后来才获得机车行驶权。

唐廷枢（前左二）与李鸿章（前左四）参加开平铁路通车仪式

1886年，唐廷枢又成立了开平铁路公司，将唐胥铁路伸展到天津的阎庄。这是中国自办的第一个铁路公司，李鸿章等主持开平铁路通车仪式。开平煤矿以质优价廉的优势开始与洋煤竞争华北市场。这一年，唐廷枢还开办了中国人自营的第一家以机器制造水泥的工厂，名为唐山细棉土厂。随着市场对煤炭需求量的急增，1888年，他决定购置四艘轮船，修缮天津、塘沽、上海、牛庄、香港等地煤码头，提高开平煤的外运能力，又在距离开平20里处增开了林西煤矿，实现了两座现代化大矿出煤水陆运输并举的景象。

开平煤矿采用了当时世界上较先进的技术设备和管理模式，推动了近代工业的发展。中国第一座成功的机械化矿井、第一条标准轨距铁路、第一台蒸汽机车、第一桶机制水泥等都在这里诞生。

唐廷枢还与徐润联手首创中国保险业。光绪元年（1875年），在上海成立保险招商局，次年又在上海成立仁和水险公司。

唐廷枢对中国近代工业发展贡献巨大。1892年10月7日，唐廷枢在开平矿务局病故。上海英文《北华捷报》评价说："他的一生标志着中国历史上的一个时代……他的去世，对外国人和中国人，都是一大损失。"李鸿章主持葬礼说："中国可无李鸿章，但不可无唐廷枢。"

杰出外交家 黄遵宪

黄遵宪，字公度，集外交家、政治家、诗人于一身。1848年出生于今梅州的一个官宦之家。1874年离开家乡赴北京参加顺天乡试。在和父亲游历烟台时，见到了李鸿章，受到其赞扬。1876年考中举人。

黄遵宪

光绪三年（1877年）黄遵宪随中国第一任驻日公使何如璋赴日，出任驻日参赞，从此开始外交生涯。驻日期间，以日本为题材创作《日本杂事诗》，并撰《日本国志》。他竭力抵制1879年日本侵犯琉球，主张对日强硬，"琉球如亡，不出数年，闽海先受其祸"。但清政府没有采纳其主张。

1882年，黄遵宪结束在日本的外交工作，奉命前往美国，任旧金山总领事。刚到任，逢美国发生排华事件。他立即开展抵制美国排华运动，引用国际法，为华工争得签发执照的权利。从此，华工来往中美之间有法可依。

1884年，黄遵宪因母亡故而回国，期间，修改并刊行《日本国志》。光绪十五年（1889年），薛福成受命出使英、法、意、比四国，因赏识《日本国志》，遂推荐黄遵宪出任驻英二等参赞。黄遵宪随之赴欧洲，再次开始外交生涯。

在英期间，他深入考察英国的政治经济文化，推崇英国的君主立宪制，构想在中国推行。1891年，调任新加坡总领事，在任三年多，积极改善侨胞待遇、保护侨胞财产、发展华侨教育。

1894年，黄遵宪应张之洞之邀回国。不久，中日签订《马关条约》，他万分悲痛，写下《台湾行》诗，坚决反对割让台湾。从此投身于维新变法运动，参与《时务报》创办。1896年受光绪帝召见，力陈变法重要性，引起光绪帝重视，后到湖南主持新政。他与维新领袖梁启超在湖南创办南学会，积极宣传维新变法。维新失败后，黄遵宪归故里从事教育事业，潜心新体诗创作，成为诗界革命的最早倡导者。1905年病逝于梅州。

清末还有另一著名梅州籍爱国诗人、教育家、抗日保台志士丘逢甲。他生于台湾苗栗县，1889年考中进士，旋返回台湾衡文书院任主讲。1895年秋回广东，在嘉应州和潮州、汕头等兴办教育，倡导新学，支持康梁维新变法，投身孙中山的民主革命。

丘逢甲铜像和纪念亭

维新领袖 康有为与梁启超

清末中国出现了一批在危局中思变求变、探索国家前途与民族未来的知识分子，康有为和梁启超是其中的领军人物。

康有为

康有为于1858年生于南海一个书香之家，人称康南海。18岁拜著名学者朱次琦为师，1879年开始接触西方文化，立志要向西方学习，由中学转向西学。1882年，到北京参加科举考试，回程经过上海，收集了不少介绍资本主义各国政治制度和自然科学的书刊，立志要挽救危亡中的祖国，初步形成了维新变法思想体系。

1888年，康有为再次到北京参加科举考试，借机第一次上书光绪帝，请求变法，受阻未上达。1891年在广州开办万木草堂，聚徒讲学，梁启超入学，成为其弟子。康有为先后撰《新学伪经考》和《孔子改制考》，为维新变法创造理论，在知识界引起强烈反响。1894年编《人类公理》，经多次修改定名《大同书》，提出大同社会无私产、无阶级、人人相亲、人人平等的思想。

梁启超，号任公，又号饮冰室主人，1873年出生于新会，自幼接受传统教育。1890年赴京会试，回程途经上海，接触西学著作，并投康有为门下，由此走上改良维新道路。时人合称他们为“康梁”。

梁启超

1895年4月，正在北京参加会试的各省举人，听说清政府要与日本订立丧权辱国的《马关条约》，莫不愤怒之极。康有为遂起草上皇帝万言书，梁启超协助发动在京应试举人集会，联名请愿。这就是有名的"公车上书"。康有为因此声名大噪。7月，康梁联合在北京创办《万国公报》（后改名《中外纪闻》），不久又在北京组织强学会。

1897年，德国强占胶州湾。康有为再次上书请求变法。次年4月，康梁组织保国会，号召救国图强。1898年6月，光绪帝召见康有为，任命他为总理衙门章京，筹备变法事宜，梁启超受封六品衔，负责办理京师大学堂译书局事务，"戊戌变法"正式启动。因慈禧太后干预，导致戊戌变法失败，康梁等被迫流亡海外。梁启超流亡日本期间，先后创办《清议报》和《新民丛报》，主张改良。

辛亥革命后，康有为于1913年回国组织"孔教会"，主编《不忍》杂志，宣扬尊孔复辟，反对共和制。1917年，康有为和北洋军阀张勋发动复辟，拥立溥仪登基，不久宣告失败。

梁启超则反对袁世凯称帝，积极参加反袁斗争。1917年7月，段祺瑞掌握北洋政府，梁启超出任财政总长兼盐务总署督办。护法战争结束后，梁启超从此退出政坛，将精力放在教育与学术研究上，在文史哲学、法学、伦理学、宗教学等领域均有造诣。1929年1月在北京病逝。

中国铁路之父 詹天佑

詹天佑于1861年生于南海县一个商人之家，英文名Jeme Tien Yow。同治十一年（1872年）成为首批赴美留学幼童，光绪四年（1878年）考入耶鲁大学土木工程系，主修铁路工程。1881年大学毕业回国，被派往福州船政局学习海军轮船驾驶。光绪十年（1884年），回广州任广东实学馆外文教习。

詹天佑

光绪十四年（1888年），詹天佑到天津参与塘沽到天津铁路铺轨工程，从此与铁路结下不解之缘。1891年初，李鸿章在山海关设立“北洋官铁路局”，次年与开平矿务局的英国技师签下协议，着手修建关东铁路第一段古冶到山海关的铁路。这条铁路延伸到滦河时，遇到了滦河河面宽阔的困境，英国铁路专家主持建设的桥墩屡建屡塌，德、日专家对此也爱莫能助。最终由詹天佑自主勘察选址，胜利建成滦河大桥。这是我国采用气压沉箱建筑基础的第一桥，为我国当时最长的铁桥。

真正使詹天佑名扬天下的则是修建连接张家口到北京的京张铁路，他亲自勘察该铁路要经过的长城居庸关、八达岭等地，克服施工难度大、设备落后、资金不足等困难，开凿八达岭隧道、居庸关隧道，设计“人”字形路线，使火车能通过崎岖的地形。1909年10月2日，京张铁路比预期提前两年通车，震惊中外。这是由中国人自主设计并建造的第一条铁路，为中国铁路建设赢得了荣誉，也奠定了詹天佑在中国铁路史上的地位，为他赢得了“中国铁路之父”“中国近代工程之父”的美誉。

他参与修建的铁路有天津至卢沟桥的津卢铁路、营口铁路支线、潮汕铁路、张绥铁路、川汉铁路、粤汉铁路、河南洛潼铁路等，为中国铁路事业做出了巨大贡献，也培养了一大批铁路建设技术人员和铁路从业者，在中国铁路史甚至是中国工程史上留下了浓墨重彩的一笔。

辛亥革命后，詹天佑为了振兴铁路事业，和同行一起成立中华工程师会，并被推为会长。中华工程师会为工程师有团体组织之始。

邹伯奇

冯如

晚清以来，广东科技人才辈出。南海人邹伯奇自幼酷爱算术，对光学颇有研究。道光二十四年（1844年），发明研制了中国第一台照相机，撰写《摄影之器记》，为世界最早的摄影文献之一。邹伯奇被后人誉为“中国照相机之父”。咸丰三年（1853年），他又设计制造了“对数尺”，具有计算节气、天文、体积等多种功能。他还发明了摄影绘地图法，主持测绘《广东沿海地图》。

被后人誉为“中国航空之父”的冯如，则出生于广东恩平市。少年时随父到美国谋生，1907年受华侨资助，在旧金山设立飞机制造厂。民国刚成立，他就带着研制的飞机回到祖国，继续制造飞机。1912年8月，在广州燕塘举行的飞行表演中不幸失事身亡。

世纪伟人　孙中山

孙中山与宋庆龄

孙中山，名文，号逸仙，化名中山樵，常以中山为名，是中国近代民主主义革命的开拓者、中国民主革命伟大先行者、中华民国和中国国民党缔造者、三民主义倡导者。

1866年生于香山县翠亨村，少年时常听洪秀全的故事，立志做“洪秀全第二”。1892年毕业于香港西医书院，随后在澳门、广州等地行医，并结拜反清秘密会社，准备创立革命团体。

1894年，孙中山放弃行医，开始专事救国，上书李鸿章，提出“人能尽其才，地能尽其利，物能尽其用，货能畅其流”的主张，但未被接纳，遂萌发革命救国的思想。11月，在檀香山创立第一个革命团体——兴中会，提出“驱除鞑虏，恢复中国，创立合众政府”的口号。次年2月，在香港建立兴中会，10月，密谋广州起义，事泄失败，被迫流亡海外。

1905年8月，孙中山在日本东京与黄兴等人创建同盟会，被推举为总理，同盟会纲领为“驱除鞑虏，恢复中华，创立民国，平均地权”。他在同盟会机关报《民报》发刊词中首次提出民族、民权、民生三大主义。同盟会成立后，孙中山派人到国内外发展组织、宣传革命。从1906年至1911年，他为同盟会在华南各地多次组织武装起义制定战略方针，并在海外奔走，为起义筹募经费。

1911年10月10日，武昌起义爆发，各省纷纷响应。12月孙中山从海外归来，即被17省代表推举为中华民国临时大总统，并于1912年1月1日在南京举行中华民国临时大总统就职典礼。2月13日，孙中山辞去临时大总统，让位于袁世凯。8月，同盟会改组成国民党，孙中山被推举为理事长。此后，孙中山为了维护革命果实，先后发动二次革命、护国运动、护法运动等。

1919年10月，孙中山宣布将5年前在东京组织的中华革命党改组为中国国民党。1921年5月，在广州就任非常国会推举的非常大总统，准备以两广为根据地北伐。1922年后，接受了中国共产党和苏俄的帮助，提出“联俄、联共、扶助农工”的三大政策。这些政策于1924年1月在广州召开的中国国民党“一大”会上通过，标志孙中山的革命思想和革命事业发展到了一个新阶段。1925年3月12日，因病在北京逝世。根据他的遗愿，葬于南京中山陵。1940年国民政府通令全国，尊称其为“中华民国国父”。

中国首位法学博士 伍廷芳

伍廷芳

伍廷芳，字文爵，号秩庸，后改名廷芳，祖籍新会，出生于新加坡。4岁随在新加坡经商的父亲回广州定居。14岁赴香港圣保罗书院读书。求学期间，与黄胜创办中文报纸《中外新报》，又协办《香港华字报》。

同治十三年（1874年），伍廷芳自费赴英国留学，入伦敦林肯法律学院深造，1877年毕业，成为第一个取得英国法律学博士学位的中国人，考获大律师资格。是年回到香港，出任香港律政司大律师。为维护香港同胞利益，伍廷芳与种族歧视展开不屈的抗争。1878年迫使英女皇批准香港取消笞刑，伍廷芳俨然成为香港华人领袖。同年12月16日，伍廷芳被委任为掌法太平绅士，为40名太平绅士中唯一的中国人。1879年12月，香港华人一致推举伍廷芳为立法局代表，以维护华人权益。香港政府顺应民心，于1880年1月，委任伍廷芳为立法局议员，他成为香港第一位任立法局议员的中国人。1882年，伍廷芳又被选为香港保良局副主席。他提议的创建电车计划很快得到香港政府通过。

1882年10月底，伍廷芳受直隶总督兼北洋大臣李鸿章邀请，任法律顾问，成为李鸿章幕僚，协助洋务和外交事务，参与了清政府许多重要的外交活动。这一年11月，英、美、法、德等国公使，无理要求在中国境内架设海底电线，他依据国际公约坚决拒绝，捍卫了中国领土领海主权。清政府此后对他重用有加，曾两次派驻美、日、秘任公使。他与墨西哥签订《中墨通商条约》，维护了中国主权和民族尊严，保护了华侨利益。

清末清政府进行法律改革，伍廷芳和沈家本任修律大臣，参照日本、德国的法律，修改《大清现行刑律》，废除各种酷刑，禁止刑讯。孙中山称此举“为中国刑法开新纪元”。

辛亥革命爆发，在上海养病的伍廷芳支持孙中山建立共和的革命主张，致函清廷，劝告清帝退位。1912年，孙中山担任临时大总统，伍廷芳被任命为政府临时司法总长。1917年应孙中山之邀，南下广州出任护法军政府的外交部部长。1921年4月，孙中山在广州就任非常大总统，任命他为中华民国政府外交总长。北伐战争期间，一度在穗代行总统之职，主持政务。1922年6月16日，因病逝世。

农民运动大王 彭湃

说起中国革命史上的农民运动，彭湃是一个绕不开的人。彭湃是中国共产党早期重要领导人之一，民国时期农民运动领袖，毛泽东称之为“农民运动大王”。

彭湃于1896年出生在海丰一个地主家庭，原名汉育，曾用过王子安、孟安等化名。年轻时在海丰、广州求学，1918年东渡日本，考入早稻田大学政治经济科。在日期间，受进步思潮影响，参加反对列强侵略瓜分中国的集会游行，被日本警察列入黑名单。

省农协常委在开会

1921年，彭湃回国，被任命为

海丰红场

海丰县教育局局长，发起组织社会主义研究社、劳动者同情会等组织。1922年夏，组织学生游行庆祝“五一劳动节”，被撤去海丰县教育局长。同年发起组织了全国第一个农民协会——六人农会。1923年，出任新成立的海丰县总农会会长，会员达10万多人。农会经常散发简单的宣传图册，描述地主对农民的剥削，把农民的贫困和生活中各种遭遇编成标语和口号，广为散播。后被陈炯明下令解散，农会骨干遂转入地下，彭湃到广州投奔孙中山，参加第一次国共合作。

1924年，彭湃在广州正式加入中国共产党，开办农民运动讲习所，任第一届农讲所主任，毛泽东任所长。期间，他完成《海丰农民运动报告》，这是中国共产党第一次较深入反映农民运动的著作，对毛泽东产生影响。1925年赴东江参加东征，在海丰成立中共海陆丰特别支部，后改为海陆丰地委，任书记。

1927年3月，抵武汉，筹建中华全国农民协会，与毛泽东等一起被推举为临时执委会委员。4月，被选为中共“五大”主席团成员和中央委员。1927年11月，他领导建立了中国第一个农村红色政权——海陆丰苏维埃政府，在海丰的明代学宫召开第一次工农兵代表大会。会场四周和街道墙壁都刷成红色，学宫改名红宫。苏维埃政权建立后，立即着手土地革命。

1928年11月，当选中央政治局委员，奉命赴上海。1929年8月因叛徒出卖被捕，在上海龙华英勇就义，时年33岁。

彭湃关于农民运动和苏维埃政权的思考与实践，为中国共产党建立红色政权积累了宝贵的理论和实践经验。1961年3月，海丰红宫红场旧址被列为全国重点文物保护单位。

南天王 陈济棠

陈济棠，字伯南，1890年生于广东防城县（今广西防城港市），中国国民党一级上将，粤系军阀代表，中华民国农林部部长。长期主政广东，与南京中央政府分庭抗礼，对广东经济、文化和市政建设贡献最多，素有“南天王”的称号。

陈济棠

陈济棠于1907年考入军校，开始其军旅生涯，追随孙中山，参与护法战争及讨伐陈炯明战斗。1925年广东国民政府成立，出任国民革命军师长兼钦廉警备司令。

1927年南昌起义爆发后，叶挺、贺龙南下广东潮梅一带，他率军阻截。1928年后任国民革命军第四军军长、广东编遣特派员、讨逆军第八路军总指挥，率部镇压工农武装。1929年3月当选为国民党中央执行委员。在蒋介石和李济深的对峙中，支持蒋介石。之后，驻扎广州，任第八集团军总司令，在广州建立临时最高军事机构“编遣特派员”公署，正式成为广东的最高领导者，配合蒋介石两次大败桂军以及“围剿”中共。因蒋介石限制其权力，他于1931年发动“西南事变”，公开反对蒋介石，赢得广东的长期半独立，掌控了广东的军权、财权等，确立了“南天王”的地位。

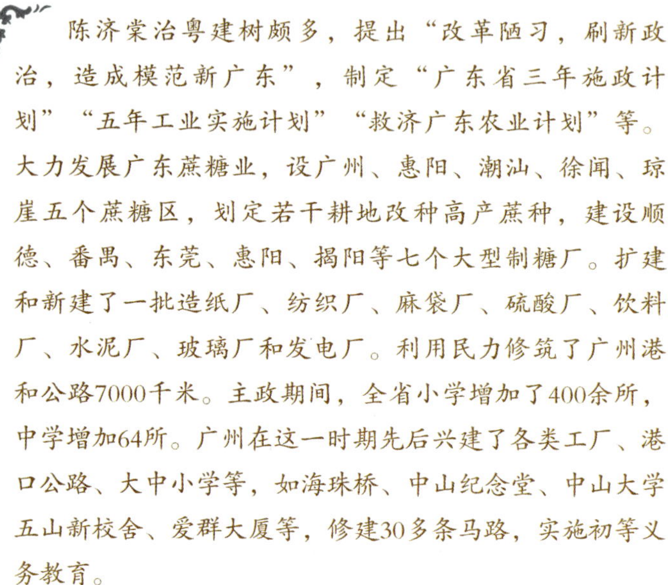

陈济棠治粤建树颇多，提出“改革陋习，刷新政治，造成模范新广东”，制定“广东省三年施政计划”“五年工业实施计划”“救济广东农业计划”等。大力发展广东蔗糖业，设广州、惠阳、潮汕、徐闻、琼崖五个蔗糖区，划定若干耕地改种高产蔗种，建设顺德、番禺、东莞、惠阳、揭阳等七个大型制糖厂。扩建和新建了一批造纸厂、纺织厂、麻袋厂、硫酸厂、饮料厂、水泥厂、玻璃厂和发电厂。利用民力修筑了广州港和公路7000千米。主政期间，全省小学增加了400余所，中学增加64所。广州在这一时期先后兴建了各类工厂、港口公路、大中小学等，如海珠桥、中山纪念堂、中山大学五山新校舍、爱群大厦等，修建30多条马路，实施初等义务教育。

陈济棠对广东发展的贡献不可磨灭。1980年9月，邓小平接见陈济棠儿子陈树柏博士时说：“令尊治粤八年，确有建树。”

1936年6月，与广西桂系军阀以蒋介石不积极抗日为借口，发动“两广事变”，组成以陈济棠为总司令、李宗仁为副司令的军事委员会和抗日救国军，进军湖南。因部下被蒋介石收买，不战而败，7月黯然离开广东。抗战胜利后，陈济棠重回广东考察慰问。1954年，卒于台湾。

1993年，陈济棠墓从台北市迁回广东省湛江市湖光岩风景区西侧，与其夫人莫秀英合葬。1997年陈济棠夫妇合葬墓被列为湛江市文物保护单位。

主要参考文献

[1] 方志钦，蒋祖缘. 广东通史（古代上、下册）[M]. 广州：广东高等教育出版社，1996、2007.
[2] 杨万秀. 广州通史（全八册）[M]. 北京：中华书局，2010.
[3] 罗一星. 明清佛山经济发展与社会变迁 [M]. 广州：广东人民出版社，1994.
[4] 陈琪. 詹天佑与中国近代铁路 [M]. 长春：吉林文史出版社，2012.
[5] 黄增章. 民国广东商业史 [M]. 广州：广东人民出版社，2006.
[6] 刘正刚. 话说粤商 [M]. 北京：中华工商联合出版社，2008.
[7] 林雄. 经典广东 [M]. 广州：广东教育出版社，2009.
[8] 赖伯疆. 广东戏曲简史 [M]. 广州：广东人民出版社，2001.
[9] 林家有，张磊. 孙中山评传 [M]. 广州：广东人民出版社，2014.
[10] 沙东迅. 广东抗日战争纪事 [M]. 广州：广州出版社，2004.
[11] 汪敬虞. 唐廷枢 [M]. 珠海：珠海出版社，2010.
[12] 肖自力. 陈济棠 [M]. 广州：广东人民出版社，2002.
[13] 张静如. 北伐战争1926-1927 [M]. 上海：上海人民出版社，1994.
[14] 李昭醇，倪俊明. 广东百年图录 [M]. 广州：广东教育出版社，2002.
[15] 穆黛安. 华南海盗1790-1810 [M]. 刘平，译. 北京：中国社会科学出版社，1997.
[16] 李玉敏. 第二次鸦片战争 [M]. 长春：吉林文史出版社，2011.
[17] 林金枝. 近代华侨投资国内企业史研究 [M]. 福州：福建人民出版社，1983.
[18] 莫华生，梁小娟. 广州国民政府南征 [M]. 北京：线装书局，2008.
[19] 东江纵队志编辑委员会. 东江纵队志 [M]. 北京：解放军出版社，2003.
[20] 张耀中. 珠海历史名人 [M]. 珠海：珠海出版社，2001.
[21] 丁贤俊，喻作凤. 伍廷芳评传 [M]. 北京：人民出版社，2005.
[22] 郭德宏. 彭湃研究 [M]. 北京：中共中央党校出版社，2007.
[23] 张林杰. 康有为与康门弟子 [M]. 郑州：大象出版社，2014.